姜龍昭著

# 楊貴妃考證研究

文史哲出版社印行

國家圖書館出版品預行編目資料

**楊貴妃考證研究** / 姜龍昭著. -- 初版. -- 臺北市
: 文史哲, 民 91
面 ; 公分
ISBN978-957-549-453-7 (平裝)

1. (唐) 楊玉環 - 傳記

782.8414 91013128

# 楊貴妃考證研究

著　　者：姜　龍　昭
出 版 者：文 史 哲 出 版 社
登記證字號：行政院新聞局版臺業字五三三七號
發 行 人：彭　正　雄
發 行 所：文 史 哲 出 版 社
印 刷 者：文 史 哲 出 版 社
臺北市羅斯福路一段七十二巷四號
郵政劃撥帳號：一六一八〇一七五
電話 886-2-23511028・傳真 886-2-23965656
**實價新臺幣三四〇元　美金十元**
中華民國九十一(2002)年七月初版


ISBN978-957-549-453-7 65036

我希望本書之出版問世，能受到：教育部、國史館、國立編譯館、中央研究院歷史研究所等有關單位之關注與閱覽。更盼望全國、國立、省立、公立、縣市立圖書館及大專學校圖書館蒐藏，尤冀大陸上歷史學術單位的重視、認同與肯定。

過去《舊唐書》、《新唐書》、《資治通鑑》、《唐史》等書籍，述及楊貴妃縊殺死在馬嵬坡之記載，應加以後續之文字補述，千萬勿漠然視之，認為楊貴妃死在日本，是憶測之詞，不真實、不可能的事實，或認為，這只是日本人的傳說，與我中國無關。

人類的歷史，會有變動的，就像現代人相信：人類是可以登陸月球一樣。

# 楊貴妃考證研究　目次

# 自序

清朝有個很有名的學問家，他名叫戴震，字東原，胡適先生非常欽佩他，他是安徽人，是乾隆年間的舉人，讀了不少書，對於禮經制度名物及天文地理都很有心得，乾隆修《四庫全書》時，他以舉人特召充纂修官，賜同進士出身，爲清一代的名儒，著作甚多，所校的《大戴禮》、《水經注》以精賅聞名。他十歲時讀《大學》一書，見朱熹的注釋：「大學的經，是孔子之言，曾子述之。」就問老師：「怎麼知道是這樣的？」老師說：「這是朱熹說的。」戴震接著問老師：「朱熹是什麼時候的人？」老師說：「是宋朝的人。」戴震再問：「從周朝到宋朝，間隔了多少年？」老師說：「隔了幾乎兩千多年。」戴震又問老師：「隔了兩千多年，朱熹怎麼知道是如此的？」老師就無可回答了，因爲朱熹的注釋，本是一種推測之詞，並無史料上的根據，因此乃禁不起戴震的追問。

戴震因喜愛不斷的追問，被後人尊爲「疑古學派」，他因對儒家的學說，有所批評，結果引起另一批學者的不滿，因他曾寫過一本《水經注》，結果被人說他是抄襲他人的著述，罵他是「賊」。到了民國初年，胡適因也是安徽人，覺得他是被冤枉的，就把他寫的《水經注》，與他人寫的《水經注》，仔細比對，相當深入的研究了五年之久，才肯定他並未抄襲，只是前人的著述，部分與他寫的有地方雷同而已，而他的《水經注》，比前人更爲精確，這一著述，共有四十多萬字，一些學人只是因他批評朱子、程子的學說，只比對全書的五條文字相同，就說他是「賊」，未免草率武斷，胡適先生因爲喜歡「打破砂鍋問到底」，下了五年功夫，才爲他洗脫了罪名。

胡適先生生前說：「有幾分證據，說幾分話；有七分證據，不能說八分話。」做學問要下功夫，追根究柢，打破砂鍋問到底，才不會「人云亦云，以訛傳訛」。

清朝乾隆年間，還有一大考證家崔述，他字武承，號東壁，從小就有奇才，乾隆年間是舉人，到了嘉慶年間，曾在福建省羅源、上杭諸縣，出任知縣，有清廉名聲，晚年以著述終老，他一生喜愛考證，不墨守成規，凡無從考證者，輒以「不知」來回答，從不妄言以惑世。所著《考信錄》一書，最爲有名。

他曾解說俗諺云「打破砂鍋問到底」的原由。原來砂鍋底比較脆，敲破以後，則其裂紋直達於底，因「紋」與「問」同音，故一般人譏誚有人過於仔細多問，才這麼說的。崔述強調：「余所見所聞，大都皆由含糊輕信而不深問，以致僨事，未見細爲推求而僨事者。」他一生從事問到底的精神來研究學問，才會被後世的學者，推崇爲「考證家」。

廿多年前，我爲了考證：香妃、容妃是同一人，還是兩個人？曾於八十一年長途跋涉，親自去了一趟新疆的「喀什」，也就是香妃的故鄉——喀什噶爾；確定容妃的故鄉是葉爾羌，二人絕對是兩個人，不能混爲一談。

十幾年前，我在報紙上看到有人說：「日本有座楊貴妃墓」，後來又聽人說，墓中葬的不是楊貴妃，是假的，別人的墓，究竟是眞的？還是假的？我又興起了去探索眞相的興趣，八年前，我就決定專程去日本跑一趟，弄個清楚明白。

但因我不諳日語，又找不到精通日語的同伴，只能作罷！

後來，我多方搜集楊貴妃的史料，及有關她的小說、傳述，包括曾親赴日本採訪的名小說家南宮搏所寫的「楊貴妃」小說，以及日本人渡邊龍策寫的「楊貴妃復活秘史」中譯本，還有八十三年中國時報上何顯斌先生寫的「到油谷町參見貴妃娘娘」的旅遊報導，都在在證實了日本確有楊貴妃的墓。

唯日本人非常崇拜楊貴妃，因此，南宮搏聽了不少不同的傳說，難以分辨眞僞，就以小說家的筆調將之記載下來，由讀者自己去研判，因爲事隔一千二百多年，當年沒有錄音、錄影等科學器材，亦無可靠的文字記載，大部份靠「口傳」，口傳經過轉述，很容易變樣、變質，要細心的去查證，才能明白眞相。

二〇〇二年（九十一年）我幸運的獲得住在日本福岡的兩位教授：一位是日本西南學院大學文學部國際文化學科的王孝廉教授，他是專門研究「神學」的文學博士；另一位是在北九州大學外國語學部的葉言材教授，蒙他倆臨時拔刀鼎力相助，使我這次扶桑之行，順利償了夙願。原本，我是約了住在大阪的女作家張慧琴、男作家喬炳南伉儷同行的，誰知臨時張女士生病住院，無法陪我同行，幸王教授、葉教授，毅然不計辛勞，作我的嚮導、傳譯，眞使我如獲神助，圓滿達成此行任務。

唐玄宗時代，日本派了不少年輕、優秀的菁英，作爲「遣唐使」，來到長安，學習唐朝：宗教、政治、建築、經濟的種種制度，當年航海來華，船隻經常出事沉沒或是隨風浪漂流至安南、海南等地，楊貴妃搭乘的遣唐使大船去日本，想不到，也意外出事，她雖被安排，坐上一救生小船，日人稱之爲「空艫船」的，漂流至油谷町久津的「唐渡口」，唯因該地是一冷僻的小漁村，楊貴妃航行中，罹了病，上岸後不懂日語，又找不到通華語的醫生，結果客死異鄉，就死在油谷町當地，而隨同她逃亡的四名宮女，也不懂日語，求告無門，就殉葬死在一起，楊貴妃的墓地上有五座石塔，所以才叫「五輪塔」，我發現日本人不知道何以叫「五輪塔」，是我去實地觀察後才發現的，因爲現在該墓的周圍，又葬了不少他人的墳墓，一人葬的只有一座石塔，絕不可能有五座石塔。在現場我拍了他人墓的照片，可以對照來看。

我並且知道隨之殉葬的四名宮女名字，而日人不知也。

日本人因崇敬楊貴妃，就像中國人崇拜關公，各地有「關公廟」一樣，就將她「神化」，在日本京都泉湧寺有「楊貴妃觀音堂」，供奉著「楊貴妃觀音像」。又說楊貴妃是日本熱田神宮中大明女神的化身，那位女神爲了救日本，化身成了楊貴妃，去迷惑唐明皇，才使唐明皇忘了派軍隊，去攻打日本，是解危救厄的女神。

你聽了，是不是覺得很好笑？

有許多學者認爲：《新唐書》、《舊唐書》、《資治通鑑》等歷史書，明明記載：楊貴妃縊死在馬嵬坡，怎麼可能，在日本會有她的墓呢？認定這是一些人的「臆測」，不可信的。楊貴妃的墓，也是假的。

五輪塔後方有一「二尊院」內供了二尊唐明皇派人送至日本二尊菩薩，我也去看了，並拍照留念，我認爲這也是證明楊貴妃死在日本的有力鐵證，因爲楊貴妃不死在日本，唐明皇是決不可能派人送二尊菩薩到日本去的！

這就像挖井的人，挖了一陣子，沒挖到水，就說，這是口枯井，挖不到水的。但是，我踩著前人留下的痕跡，繼續深入的挖掘，終於讓我挖到了水，深井的甘泉，你若有耐心的看完這本書，就知道，我不是在「臆測」，或說謊言來隨便騙人的。

**姜龍昭** 寫於二〇〇二年六月六日旅日歸來

# 長恨歌圖序

唐玄宗寵楊貴妃故事，豔傳迄今，家喻戶曉。民國卅四、五年間，余在滬創刊寰球畫報，與蜀人郭冰如君爲文字交，郭固深於詩與畫者。某日過草廬，投贈白氏長慶集。余曰：「昔白樂天以王質夫之慫恿爲長恨歌，陳鴻從而傳之，同垂千古，讀之者莫不爲之感動欷歔，子能爲之圖，安知他日不與白之詩、陳之文鼎足並傳耶？」郭笑頷之。乃就長恨歌分三十八圖，運其巧思，以秦漢磚瓦筆致繪製。逾年圖成，古趣盎然，余激賞之。適美國舊金山開埠百年紀念，求爲徵集五國現代畫人作品供展覽，「長恨歌圖」尤爲彼邦人士所贊許，累請複印，以饜衆欲。顧余人事栗六，忽忽近二十年，未遑措手，客夏姚谷良兄爲攜返國門。今春余稍得閒，乃並集而刊之，亦陳鴻所謂：「不但感其事，亦欲懲尤物，窒亂階，垂誡於將來。」之意云爾。

**李鴻球** 一九六七年四月

# 長恨歌

白居易

漢皇重色
思傾國
御宇多年
求不得
楊家有女
初長成
養在深閨
人未識

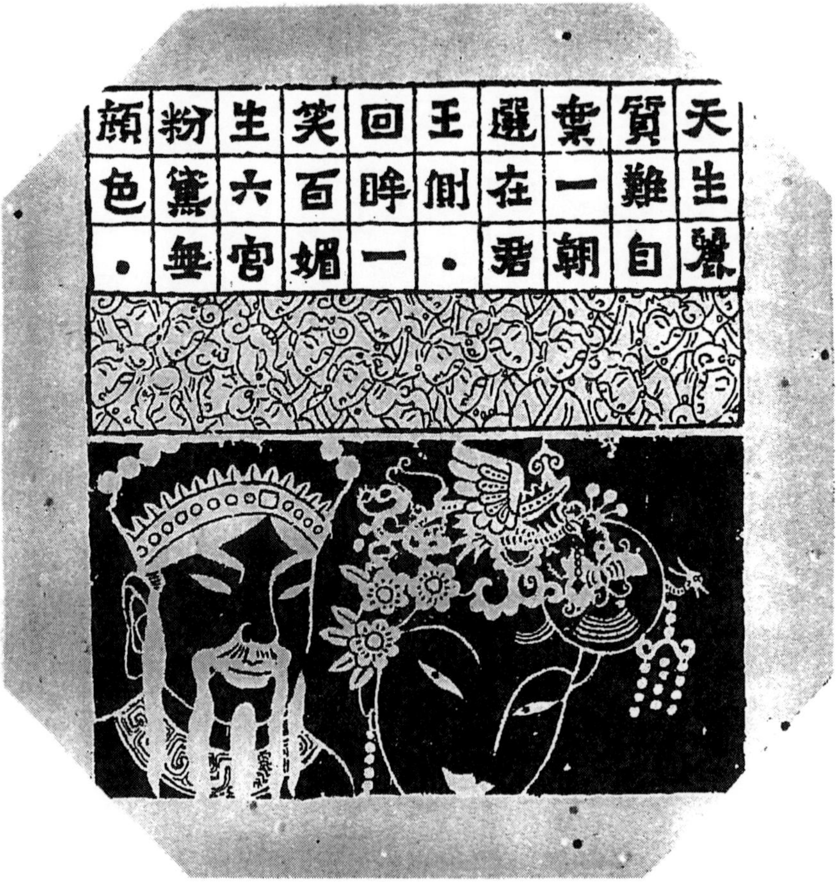


天生麗質
難自棄
一朝選在
君王側
回眸一笑
百媚生
六宮粉黛
無顏色

春寒賜浴
華清池
溫泉水滑
洗凝脂

侍兒扶起
嬌無力
始是新承
恩澤時

雲鬢花顏
金步搖
芙蓉帳暖
度春宵
春宵苦短
日高起
從此君王
不早朝

承歡侍宴無閒暇
春從春遊夜專夜
後宮佳麗三千人
三千寵愛在一身

金屋妝成
嬌侍夜
玉樓宴罷
醉和春

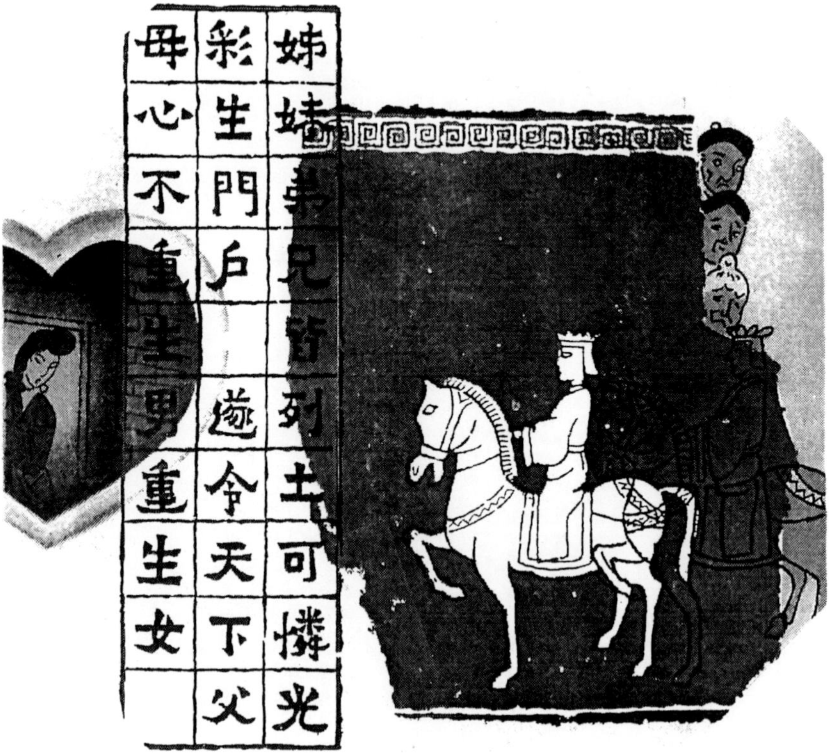


姊妹弟兄
皆列土
可憐光彩
生門户
遂令天下
父母心
不重生男
重生女

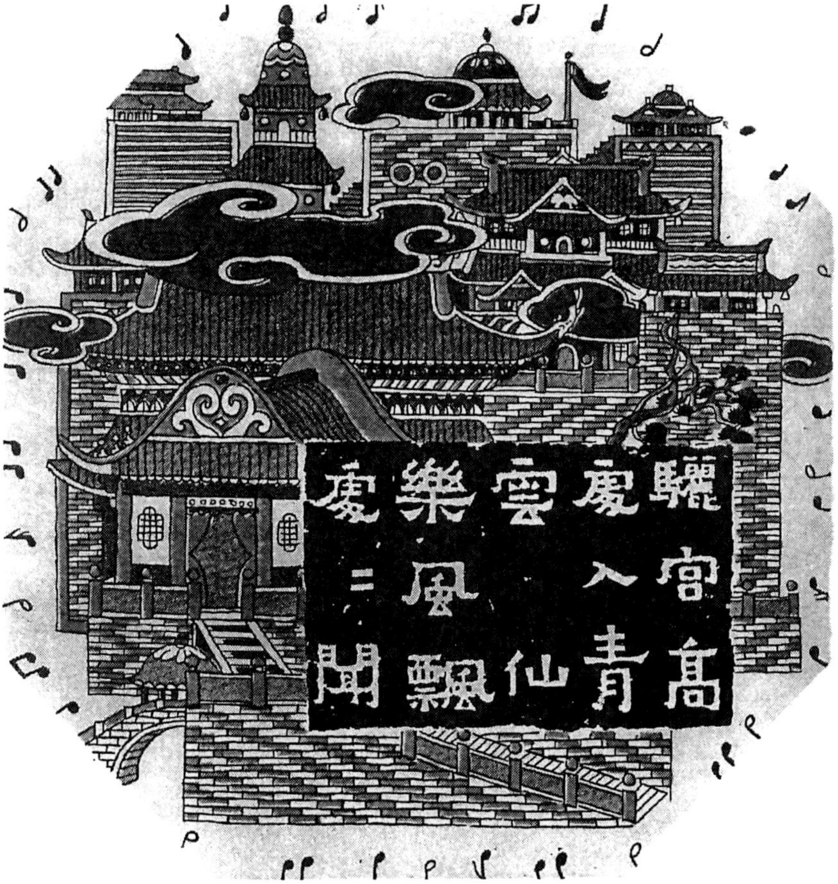


驪宮高處入青雲
仙樂風飄處處聞

緩歌慢舞
凝絲竹
盡日君王
看不足

漁陽鼙鼓
動地來
驚破霓裳
羽衣曲

九重城闕
煙塵生
千乘萬騎
西南行
翠華搖搖
行復止
西出都門
百餘里

六軍不發
無奈何
宛轉蛾眉
馬前死
花鈿委地
無人收
翠翹金雀
玉騷頭
君王掩面
救不得
回看血淚
相和流

黃埃散漫
風蕭索
雲棧縈紆
登劍閣
峨嵋山下
少人行
旌旗無光
日色薄

蜀江水碧
蜀山青
聖主朝朝
暮暮情

行宮月見
傷心色
夜雨聞鈴
腸斷聲

天旋日轉
迴龍馭
到此躊躇
不能去
馬嵬坡下
泥土中
不見玉顏
空死處
君臣相顧
盡霑衣
東望都門
信馬歸

歸來池苑
皆依舊
太液莫若
未央柳
莫若如面
柳如眉
對此如何
不淚垂

春風桃李
花開日
秋雨梧桐
葉落時

西宮南内
多秋草
落葉滿階
紅不掃

梨園弟子
白髮新
椒房阿監
青蛾老

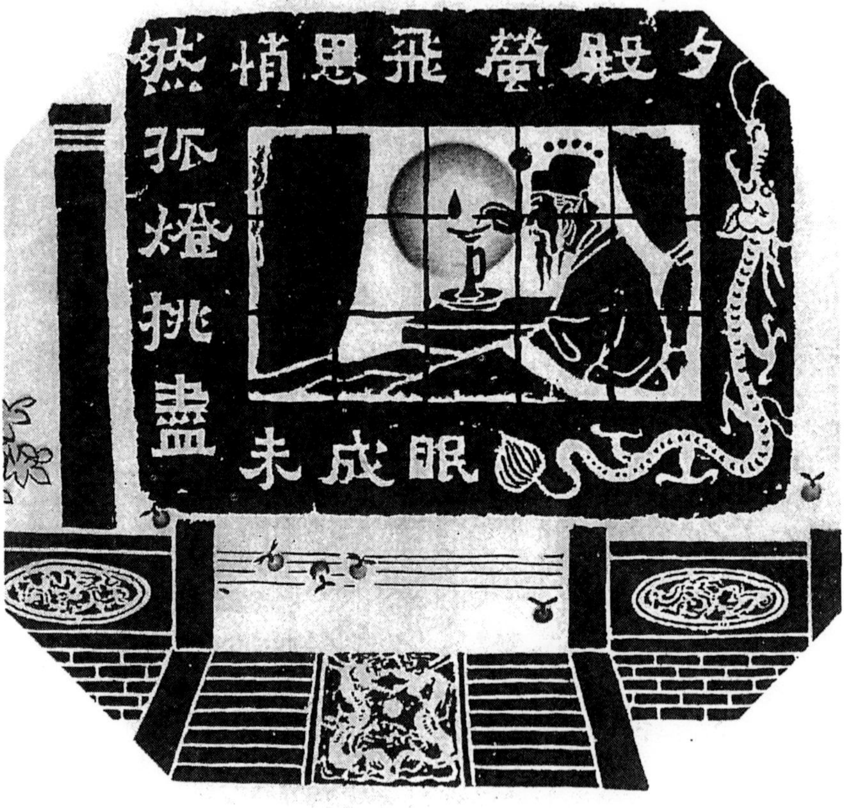


夕殿螢飛
思悄然
孤鐙挑盡
未成眠

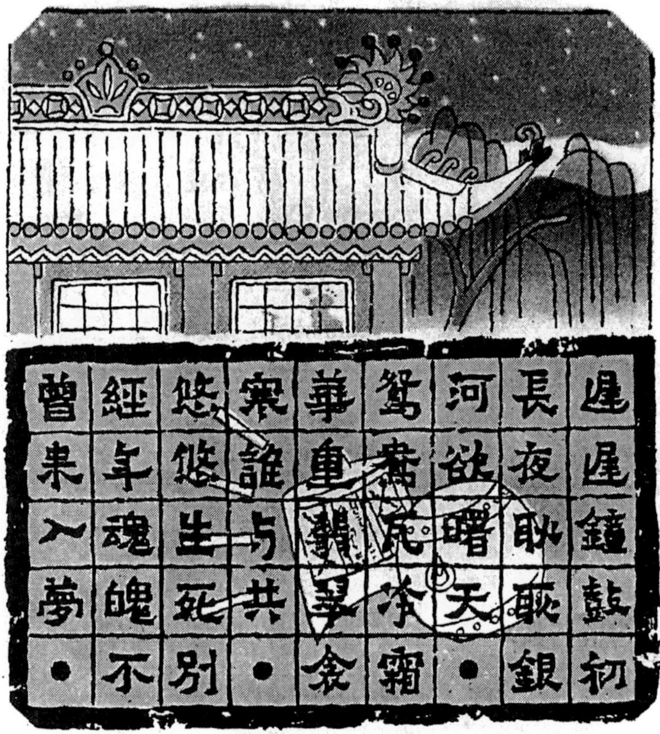


遲遲鐘鼓
初長夜
耿耿星河
欲曙天
鴛鴦瓦冷
霜華重
翡翠衾寒
誰與共
悠悠生死
別經年
魂魄不曾
來入夢

臨邛道士
鴻都客
能以精誠
致魂魄
為感君王
輾轉思
遂教方士
殷勤覓

排空馭氣奔如電
升天入地求之偏
上窮碧落下黃泉
兩處茫茫皆不見

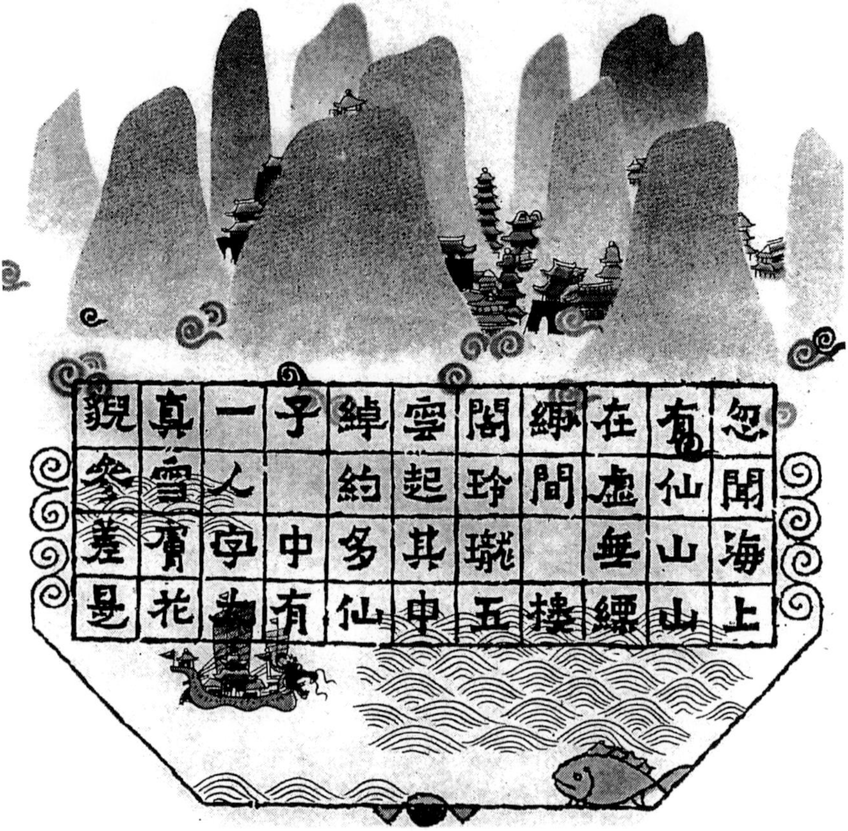


忽聞海上
有仙山
山在虛無
縹緲間
樓閣玲瓏
五雲起
其中綽約
多仙子
中有一人
字太真
雪膚花貌
參差是

金闕西廂
叩玉扃
轉教小玉
報雙成

聞道漢家
天子使
九華帳裏
夢魂驚

攬衣推枕
起徘徊
珠箔銀屏
迤邐開
雲髻半偏
新睡覺
花冠不整
下堂來

風吹仙袂
飄飄舉
猶似霓裳
羽衣舞

玉容寂寞
淚闌干
梨花一枝
春帶雨

含情凝睇
謝君王
一別音容
兩渺茫

昭陽殿裏
恩愛絕
蓬萊宮中
日月長

回頭下望
人寰處
不見長安
見塵霧

惟將舊物
表深情
鈿合金釵
寄將去
釵留一股
合一扇
釵擘黃金
合分鈿
但教心似
金鈿堅
天上人間
會相見

臨別殷勤
重寄詞
詞中有誓
兩相如
七月七日
長生殿
夜半無人
私語時

在天願作
比翼鳥
在地願為
連理枝

天長地久
有時盡
此恨綿綿
無了期

# 長恨歌傳

陳鴻

開元中，泰階平，四海無事。明皇在位歲久，倦於旰食宵衣，政無小大，始委於右丞相，深居遊宴，以聲色自娛。先是元獻皇后、武惠妃皆有寵，相次即世，宮中雖良家子千數，無可悅目者，上心忽忽不樂。時每歲十月，駕幸華清宮，內外命婦，熠耀景從，浴日餘波，賜以湯沐，春風靈液，澹蕩其間。上心油然，若有顧遇，左右前後，粉色如土。詔高力士潛搜外宮，得弘農楊玄琰女於壽邸，既笄矣，鬢髮膩理，纖穠中度，舉止閑冶，如漢武帝李夫人。別疏湯泉，詔賜澡瑩。既出水，體弱力微，若不任羅綺。光彩煥發，轉動照人。上甚悅，進見之日，奏霓裳羽衣曲以導之。定情之夕，授金鈿釵合以固之。又命戴步搖，垂金璫。明年，冊爲貴妃，半后服用。由是冶其容，敏其詞，婉孌萬態，以中上意，上益嬖焉。時省風九州，泥金五嶽，驪山雪夜，上陽春朝，與上行同室，宴專席，寢專房。雖有三夫人，九嬪，二十七世婦，八十一御妻，暨後宮才人，樂府伎女，使天子無顧盼意。自是六宮無復進幸者。非徒殊艷尤態致此，蓋才智明慧，善巧便佞，先意希旨，有不可形容者。叔父昆弟，皆列在清貫，爵爲通侯。姊妹封國夫人，富埒王室，車服邸第與大長公主侔，而恩澤勢力則又過之。

出入禁門不問，京師長吏爲側目。故當時謠詠有云：「生女勿悲酸，生兒勿喜歡。」又曰：「男不封侯女作妃，生女卻爲門上楣。」其人心羨慕如此。

天寶末，兄國忠盜丞相位，愚弄國柄。及安祿山引兵嚮闕，以討楊氏爲辭，潼關不守，翠華南幸。出咸陽，道次馬嵬亭，六軍裴回，持戟不進。從官郎吏，伏上馬前，請誅錯以謝天下。國忠奉氂纓盤水，死於道周。左右之意未快，上問之；當時敢言者，請以貴妃塞天下怒。上知不免，而不忍見其死，反袂掩面，使牽之而去。蒼黃展轉，竟就絕於尺繩之下。既而明皇狩成都，肅宗受禪靈武。明年，大兇歸元，大駕還都，尊明皇爲太上皇，就養南宮，遷於西內，時移事去，樂極悲來。每至春之日，冬之夜，池蓮夏開，宮槐秋落，梨園弟子玉琯發音，聞霓裳羽衣一聲，則天顏不怡，古右歔欷。三載一意，其念不衰。求之魂夢，杳不能得。適有道士自蜀來，知上皇心念楊妃如是，自言有李少君之術。明皇大喜，命致其神。方士乃竭其術以索之，不至；又能遊神馭氣，出天界，設地府以求之，不見。又旁求四虛上下，東極大海，跨蓬壺，見最高仙山，上多樓闕。西廂下有洞戶東向，闔其門，署曰玉妃太眞院。方士抽簪叩扉，有雙童女出應門。方士造次，未及言，而雙鬟復入。俄有碧衣侍女又至，詰其所從。方士因稱唐天子使者，且致其命。碧衣云：玉妃方寢，請少待之。於時雲海沈沈，洞天日晚，瓊戶重闔，悄然無聲。方士屏息斂足，拱手門下。久之，而碧衣延入，且曰玉妃出。見一人，冠金蓮，披紫綃，佩紅玉，曳鳳舄。左右侍者七八人。揖方士，問皇帝安否？次問天寶十四年已還事。言訖，憫默。指碧衣取金鈿釵合，各析其半，授使者，曰：

「爲謝太上皇，謹獻是物，尋舊好也。」方士受辭與信，將行，色有不足。玉妃固徵其意，復前跪致詞，請當時一事不爲他人聞者，驗於太上皇；不然，恐鈿合金釵，負新垣平之詐也。（註：新垣爲複姓，新垣平，人名。）玉妃茫然退立，若有所思，徐而言曰：「昔天寶十載，侍輦避暑驪山宮。秋七月，牽牛郎、織女相見之夕，秦人風俗，是夜張錦繡，陳飲食，樹瓜果，焚香於庭，號爲乞巧，宮掖間尤尚之。夜殆半，休侍衛於東西廂，獨侍上。此憑肩而立，因仰天感牛女事，密相誓心，願世世爲夫婦。言畢，執手各嗚咽。此獨君王知之耳。」因自悲曰：「由此一念，又不得居此，復墜下界，且結後緣。或爲天，或爲人，決再相見，好合如舊。」因言：「太上皇亦不久人間，幸唯自安，無自苦耳。」使者還奏太上皇，皇心震悼，日日不豫。其年（公元七六二年）夏四月，南宮晏駕。元和元年（公元八〇六年）冬十二月，太原白樂天自校書郎尉於盩厔（在陝西省），鴻與琅琊王質夫家於是邑，暇日相攜，遇仙遊寺，話及此事，相與感嘆。質夫舉酒於樂天前曰：「夫希代之事，非遇出世之才潤色之，則與時消沒，不聞於世。樂天深於詩，多於情者也，試爲歌之，如何？」樂天因爲「長恨歌」，意者不但感其事，亦欲懲尤物，窒亂階，垂於將來也。歌既成，使鴻傳焉。世所不聞者，予非開元導民，不得知；世所知者，有明皇本紀在，今但傳「長恨歌」云爾。

# 《長恨歌》及《長恨歌傳》的傳疑

俞平伯

俞平伯於北京寓所

嘗讀元人《秋夜梧桐雨》雜劇，寫馬嵬之變，玉環之屍被軍馬踐踏，不復收葬，其言頗閃爍牽強。至洪昉思《長生殿》則以尸解了之，而改葬之時，便曰：「慘悽悽一匡空墓，杳冥冥玉人何去。」兩劇寫至此處，均作曲筆。而《長生殿・雨夢》一折更有新說，惟託之於夢，其詞曰：「只爲當日箇亂軍中禍殃慘遭，悄地向人叢裏換妝隱逃，因此上流落久蓬飄。」而評者則曰：「才情竭處，忽生幻想，眞有水窮山盡，坐看雲起之妙。」洪君此作自爲文章狡獪，以波折弄姿，別無深意。但以予觀之，此說殆得《長恨歌》及《長恨歌傳》之本旨。茲述其所見於後，佐證缺少，難成定論，姑妄言之，姑妄聽之，亦所不廢乎？

若率意讀之，《長恨歌》既已乏味，而《傳》尤為蛇足。《歌》中平鋪直敘，婉曲之思與淒艷之筆並少，視《琵琶行》、《連昌宮詞》且有遜色。至陳鴻作《傳》，殆全與《歌》重複，似一言再言不嫌其多者然，其故殊難索解。夫以一代之名手抒寫一代之劇跡，必有奇思壯采流布文壇，而今乃平庸拖沓如此，不稱所期許，抑又何耶？

其間更有可注意者，馬嵬之變，實為此故事之中心，玉環縊死，以後皆餘文也。以今日吾人行文之法言之，則先排敘其寵盛，中出力寫其慘苦，後更抒以感歎，或諷刺，如《長生殿彈詞》之作法，稱合作矣。而觀此《歌》及《傳》卻全不如此，寫至馬嵬坡僅當全篇之半，此後則大敘特敘臨邛道士，海山樓閣諸跡，皆子虛烏有之事耳，而言之鑿鑿焉，且以釵盒之重還與密誓之見訴，證方士之曾見太眞。夫太眞已死於馬嵬，方士何得而見之？神仙之事，十九寓言，香山一老豈眞信其實有耶？其不然明矣。明知其必不然，而故意以文實之，抑又何耶？

即此可窺《歌》、《傳》之本意；蓋另有所在也。一篇必有其警策，如《琵琶行》以「同是天涯淪落人，相逢何必曾相識」為主意；《秦婦吟》以「一身苦兮何足嗟，山中更有千萬家」為主意；獨此篇之主恉，屢讀之竟不可得。必不得已，只以「天長地久有時盡，此恨緜緜無絕期」當之。既以「長恨」名篇，此兩語自當為點睛之筆。惟僅觀乎此，仍苦不明白，曰「此恨緜緜」，曰「長恨」，究何所恨耶？若以倉卒慘變為恨，則寫至馬嵬已足，何必假設臨邛道士，玉妃太眞耶？更何必假設分釵寄語諸艷跡耶？似馬嵬之事不足為恨；而天人修阻為可恨者，抑又何耶？

在《長恨歌傳》之末曰：「『夫希代之事，非遇出世之才潤色之，則與時消沒，不聞於世。樂天，深於詩，多於情者也。試為歌之。如何？』樂天因為《長恨歌》。意者不但感其事，亦欲懲尤物，窒亂階，垂於將來者也。歌既成，使鴻傳焉。世所不聞者，予非開元遺民，不得知。世所知者，有《玄宗本紀》在。今但傳《長恨歌》云爾。」

在此明點此歌之作意，主要是感事，次要是諷諫。夫事既非眞，感之何為？則其間必明有一事在焉，非寓言假託之匹。云將引為後人之大戒，則其事殆醜惡，非風流佳話也。樂天為有唐之詩史，所謂以出世之才記希代之事，豈以欣羡豪奢，描畫燕昵為能事哉？遇其平鋪直敘處，俱不宜正看，所謂繁華其淫縱也，所謂風流其醜惡也。按而不斷，其意自明。陳鴻作《傳》，惟恐後人不明，故點破之。

至作《傳》之故，在此亦已明言。若非甚珍奇之事，則只作一歌可矣，只作一傳亦可矣，初不必作歌之傳，屋上架屋，牀上疊牀也。使事雖珍奇而歌意能盡且易知者，則傳雖不作亦可也。惟其兩不然，此《傳》之所以作也。可分三層述之：歌之作意，非傳將不明，一也；事既隱曲，以散文敘述較為明白，二也；傳奇之文體，其時正流行，便於傳布，三也。其尤可注意者為「世所不聞者」以下數語，其意若曰當時之秘密，我未親見親聞，自不得知；若人人皆知，明皇、貴妃之事，則載在正史，又不待我言，我只傳《長恨歌》中所述這一段異聞而已。總之，白、陳二氏，僅記其所聞，究竟是否眞確，二君自言非開元遺民不得知，遑論今日我輩也，予亦只釋《長恨歌》云爾。究竟歌中本意，是否如此，亦無從取證他書，予只自述其所見云爾。

《長恨歌》立意於第一句，已點明，所謂「漢皇重色思傾國」是明皇不負楊妃，負國家耳。開門見山，斷語老辣。至所敘述，若華清宮、馬嵬坡皆陪襯之筆。因既載《明皇本紀》，爲世所知，所感者必另有所在而非僅此等事，陳鴻之言本至明白。結語所謂「此恨緜緜」，標題所謂「長恨」，乃家國之恨，非僅明皇、太眞燕私之恨也。否則太眞已仙去，而「天上人間會相見」，是有情之美滿，何恨之有，何長恨之有？論其描畫，敘繁華則近荒，記姝麗則近褻，非無雅筆也，乃故意貶斥耳。《傳》所謂樂天深於詩，觀此良確。綜觀此篇，其結搆似疏而實密，似拙而實巧；其詞筆似笨重而實空虛；其事蹟似可喜而實可醜；家弦戶誦已千年矣，而皆被古人瞞過了，至爲可惜。

旁證缺乏，茲姑以本文明之。此篇起首四句即是史筆。「漢皇重色思傾國」，自取滅亡也。「楊家有女初長成，養在深閨人未識」，明明眞人面前打謊語。史稱開元二十三年冬十二月冊壽王妃楊氏，至天寶四載秋七月冊壽王妃韋氏，八月以楊太眞爲貴妃。太眞爲壽王妃十餘年之久，始嬪於明皇，乃曰「初長成」、「人未識」，非惡斥而何？若曰迴護，則上諱尊者方宜含糊掩飾，何必申申作反語哉？今既云云，則惟恐後人忽視耳。且其言與《傳》意枘鑿。《傳》云：「詔高力士潛搜外宮，得弘農楊玄琰女於壽邸，既笄矣。」其中亦有曲筆，如不曰壽王妃而曰楊女，不曰既嬪而曰既笄；然外宮與深閨，其不同亦甚矣。讀者或以「宛轉蛾眉」之句，疑玉環若未死於馬嵬，則於文義爲牴牾，請以此喻之。試觀此兩語，亦可如字解否？

可知《長恨歌》中本有些微詞曲筆，非由一二人之私見傅會而云然，以下所言殆不病其穿鑿，上半節鋪排處均內含諷刺，人所習知，惟關係尚少，最先宜觀其敘述馬嵬之變，歌曰：「六軍不發可奈何，宛轉蛾眉馬前死，花鈿委地無人收，翠翹金雀玉搔頭。君王掩面救不得，回看血淚相和流。」《傳》曰：「上知不免，而不忍見其死，反袂掩面，使牽之而去。蒼黃展轉，竟就死於尺組之下。」其所敘述有兩點相同，可注意：㈠《傳》稱不忍見其死，反袂掩面，使牽之去，是玉環之死，明皇未見也。《歌》中有「君王掩面」之言，是白、陳二氏說同。㈡《歌》稱「宛轉蛾眉馬前死」，即《傳》之「蒼黃展轉，竟就死於尺組之下」也。宛轉即展轉，而《傳》意尤明白。蒼黃展轉，似極其匆忙搗亂，而竟就死於尺組之下者，與夫死於馬前之蛾眉，究竟是否貴妃，其孰知之哉？而明皇固掩面反袂，未見其死也。《歌》中「花鈿」句，似有微意。此兩句就文法言，當云花鈿、翠翹、金雀、玉搔頭，委地無人收，詩中云云，叶律倒置耳。諸飾物狼藉滿地，似人蟬蛻而去者然。《太眞外傳》云：「妃之死日，馬嵬媼得錦袎襪一隻，相逢過客一玩百錢，前後獲錢無數。」不特諸飾物紛墮，並錦襪亦失其一，豈不異哉？使如正史所記，命力士縊殺貴妃於佛堂，輿屍置驛庭，召玄禮等入觀之，其境況殆不至如此也。

竊以爲當時六軍譁潰，玉環直被劫辱，掙扎委頓，故釵鈿委地，錦襪脫落也。明皇則掩面反袂，有所不忍見，其爲生爲死，均不及知之。詩中明言「救不得」，則賜死之詔旨當時殆決無之。《傳》言「使牽之而去」，大約牽之去則有之，使乎使乎？未可知也。後人每以馬嵬事訾三郎之負玉環，冤矣。其人既杳，自不得不覓一替死鬼，於是「蛾眉」苦矣，既可上覆君王，又可下安六軍，驛庭之屍俾衆入觀者，疑即此君也。或謂玄禮當識貴妃，何能指鹿爲馬？然玄禮既身預此變而又不能約束亂兵，則裝聾做啞，含糊了局，亦在意中，故陳屍入視，即確有其事，亦不足破此說。至《太眞外傳》述其死狀甚悉，樂史宋人，其說固後起，殆演正史而爲之。

玉環以死聞，明皇自無力根究，至迴鑾改葬，始證實其未死。改葬之事，《傳》中一字不提，《歌》中卻說得明明白白：「馬嵬坡下泥土中，不見玉顏空死處。」夫僅言馬嵬坡下不見玉顏，似通常憑弔口氣，今言泥土中不見玉顏，是屍竟烏有矣，可怪孰甚焉？後人求其說而不得，從而爲之辭，曰肌膚消釋（《太眞外傳》），曰亂軍踐踏，曰尸解（均見上），其實皆牽強不合。予謂《長恨歌》分兩大段，自首至「東望都門信馬歸」爲前段，自「歸來池苑皆依舊」至尾爲後段，而此兩句實爲前後段之大關鍵。覓屍既不得，則臨邛道士之上天下地爲題中應有之義矣。其實明皇密遣使者訪問太眞，臨邛道士鴻都客則託辭耳；《歌》言：「漢家天子使」，《傳》言「使者」，可證此意。

觀其訪問之跡又極其奇詭。《傳》曰：「方士乃竭其術以索之，不至。又能遊神馭氣，出天界，沒地府以求之，不見。又旁求四虛上下，東極大海，跨蓬壺。見最高仙山，上多樓闕，西廂下有洞戶，東向，闔其門，署曰：『玉妃太眞院。』」《歌》曰：「排空馭氣奔如電，昇天入地求之徧，上窮碧落下黃泉，兩處茫茫皆不見。忽聞海上有仙山，山在虛無縹緲間。樓閣玲瓏五雲起，其中綽約多仙子；中有一人字太眞，雪膚花貌參差是。」最不可解者，爲碧落黃泉皆無蹤跡，而乃得之海山。人死爲鬼，宜居黃泉，即詩人之筆，不忍以絕代麗質付之沈淪，升之碧落可矣，奚必海山哉？且《歌》、《傳》之指俱至明晰，《傳》云旁求四虛，明未曾升仙作鬼，仍居人間也；《歌》云「兩處茫茫皆不見」，意亦正同。「忽聞」以下尤可注意，自「海上有仙山」至「花貌參差是」，皆方士所聞也。使玉妃眞居仙山，則孰見之而孰言之，孰言之而孰聞之耶？豈如《長生殿》所言天孫告楊通幽耶？夫「馬嵬坡下泥土中」既失其屍矣，碧落黃泉既不得其魂魄矣，則羈身海山之太眞，仙乎、鬼乎、人乎？明眼人必能辨之。且《歌》中此節，多狡獪語。「山在虛無縹緲間」，是言此亦人間一境耳，非必眞有如此之海上仙山也。「其中綽約多仙子」，似群雌粥粥，太眞蓋非清淨獨居，唐之女道士院跡近倡家，非佳語也。「中有一人字太眞」，上甫云「多仙子」，而此偏曰「中有一人」，明明點出「人」字。「雪膚花貌參差是」，是方士未去以前，且有人見太眞矣，其境界如何，不難想見。

　　寫方士之見太眞，正値其睡起之時。《傳》曰：「碧衣云：『玉妃方寢，請少待之。』於是雲海沈沈，洞天日晚，瓊戶重闔，悄然無聲，方士屏息斂足，拱手門下。久之，而碧衣延入。」《歌》曰：「聞道漢家天子使，九華帳裏夢魂驚。攬衣推枕起徘徊，珠箔銀屏迤邐開。雲髻半偏新睡覺，花冠不整下堂來。」依《傳》言，方士待之良久，依《歌》言，玉妃起得極倉皇，既曰：「夢魂驚」，而「雲髻」、「花冠」兩句又似釵橫鬢亂矣。其間有無弦外微音，不敢妄說。

《傳》爲傳奇體，小說家言或非信史，而白氏之歌行實詩史之巨擘。若所聞非實，又有關礙本朝，烏得而妄記耶？至少，宜信白氏之確有所聞，而所聞又愜合乎情理；否則，於尙論古人有所難通。吾輩既謂方士覓魂之說爲非全然無稽，則可進一步考察其曾見楊妃與否；因使覓楊妃是一事，而覓著與否又是一事。依《歌》、《傳》所描寫，委宛詳盡明晝如斯，似眞見楊妃矣，然姑置不論。方士（姑以方士名之）持回之鐵證有二，一爲鈿盒金釵，二爲天寶十載密誓之語。夫釵盒或可偷盜拾取，（近人有以「翠鈿委地」句爲釵盒之來源，亦未必然。）而密誓殊難臆造。觀《傳》曰：「時夜殆半，休侍衛於東西廂，獨侍上。上憑肩而立，因仰天感牛女事，密相誓心，願世世爲夫婦。……此獨君王知之耳。」《歌》曰：「七月七日長生殿，夜半無人私語時。」曰「獨侍」，曰「憑肩」，曰「無人私語」，是非方士所能竊聽也。竊聽既不得，臆造又不能，是方士確已見太眞也。鈿盒、金釵人間之物，今分擕而返，是且於人世見太眞也。至於「天上人間會相見」，則以空言結再生之緣耳，正如玉溪生所云：「海外徒聞更九州，他生未卜此生休。」非有其他深意。「昭陽殿裏恩愛絕，蓬萊宮中日月長」，明謂生離，不謂死別；況太眞以貴妃之尊乃不免風塵之劫，貽闈壺之玷，可恨孰甚焉。故結之曰：「天長地久有時盡，此恨緜緜無絕期。」言其恥辱終古不泯也。否則，馬嵬之變，死一婦人耳，以「長恨」名篇，果何謂耶？

明皇知太眞之在人間而不能收覆水，史乘之事勢甚明，不成問題。況《傳》曰：「使者還奏太上皇，皇心震悼，日日不豫，其年夏四月，南宮宴駕。」是明皇所聞本非佳訊，即卒於是年（肅宗寶應元年），而太眞之死或且後於明皇也，按依章實齋氏所考，則其時太眞亦一媪矣，而猶搖曳風情如此，亦異聞矣，吾以爲其人大似清末之賽金花，而《彩雲曲》實《長恨歌》之嫡系也。惟此等說法，大有焚琴煮鶴之誚耳。

爬梳本文，實頗明白而鮮疑滯，惟缺旁證爲可憾耳。杜少陵之《哀江頭》亦傳太眞事，曰：「明眸皓齒今何在？血污游魂歸不得，清渭東流劍閣深，去住彼此無消息。」曰「去住」，曰「彼此」，不知何指。若以此說解之，則上兩句疑其已死，下兩句又疑其或未死，兩說並存歟？惟舊注以上指妃子游魂，下指明皇幸蜀，其說可通，故不宜曲爲比附，取作佐證。且此事隱秘，事後漸流布於世，若樂天時聞之，在少陵時未必即有所聞也。他日如於其他記載續有所得，更當補訂，以成信說。

今日既僅有本文之直證，而無他書之旁證，只可傳疑，未能取信。要之，當年之實事如何是一事，所傳聞如何另是一事；故即使以此新說解釋《長恨歌傳》十分圓滿，亦不過自圓其說而已，至多亦不過揣得作《歌》、《傳》之本旨而已。（即此已頗誇大。）若求當年之祕事，則當以陳鴻語答之曰：「世所不聞者，予非開元遺民不得知。」

〔附記〕明皇與肅宗先後卒於同年，肅宗先病而明皇之卒甚驟，疑李輔國懼其復辟而弒之。觀史稱輔國猜忌明皇，逼遷之於西內，流放高力士，不無蛛絲馬跡。唐人亦有疑之者，韋絢《戎幕閑談》曰：「時肅宗大漸，輔國專朝，意西內之復有變故也。」此事與清朝德宗西后之卒極相似，亦珍聞也。

一九二七年十一月十五日

（原載《小說月報》一九二九年第二十卷第二期）

# 白居易與陳鴻

白居易，字樂天，自號醉吟先生，亦稱香山居士。下邽人（其先人爲太原人，後至韓城，又徙下邽，下邽即今陝西渭南）。自幼聰敏過人，據說生下纔七個月，便識「之」「無」二字，九歲通音律。二十七歲中進士，官至太子左贊善大夫。以言事貶江州司馬，後又入爲中書舍人，先後外遷杭州刺史（曾修西湖白堤），蘇州刺史。文宗立，擢刑部侍郎，後起太子少傅，刑部尚書。晚年退隱，與胡杲等九人讌集，皆年七十，人繪以圖，稱爲香山九老。他生於代宗大歷七年（西元七七二年），歿於武宗會昌六年（西元八四六年），享年七十五歲。新舊唐書皆有傳。

白居易畫像

白氏可說是提倡平民文學的詩人，他的詩多用白話，老嫗能解。他認爲文學不是應該拿來「嘲風雪、弄花草」，文學必須有益於社會人生，他主張「篇篇無空文，皆歌生民病」。可以說是唐代有名的社會寫實詩人，寫過許多社會寫實的新樂府，如新樂府五十首，秦中吟十首可爲其代表作。又如「新豐折臂翁」，便是記楊國忠徵兵征伐南詔而造成的社會悲劇。由於他詩中愛用俚俗語言，通俗易曉，所以十分受民衆的歡迎。可稱爲古代的白話詩人。

對於「長恨歌」和白樂天詩名，清人趙甌北的「甌北詩話」有十分中肯的論評：

「香山詩名最著，及身已風行海內，李謫仙後一人而已。」觀其與微之書云：自長安至江西三四千里，凡鄉校、佛寺、逆旅、行舟之中，往往有題僕詩者，士，庶，僧，道，孀婦、處女之口，往往有誦僕詩者。軍使高霞寓，邀妓郁客，妓曰：我讀得白學士長恨歌，豈他比哉！由是增價。漢南主人宴客，諸妓見香山至，指曰：此秦中吟長恨歌主到矣。微之序其集亦云：觀寺、郵堠、牆壁之上無不書；王公、妾婦、牛童、馬走之口無不道。至於繕寫、摹勒、衒賣於市；又雞林賈人求市頗切，云：其國宰相，每以百金換一篇，有甚僞者亦能辨之。是古來詩人及身得名，未有如是之速且廣者。蓋其得名在「長恨歌」一篇，其事本易傳，以易傳之事爲絕妙之詞，有聲有情，可歌可泣，文人學士既嘆爲不可及，婦人女子亦喜聞而樂誦之，是以不徑而走，傳遍天下；又有「琵琶行」一首助之，此即無全集而二詩已自不朽，況又有三千八百四十首之工且多哉。」

楊貴妃被縊死於馬嵬坡（公元七五六年）時，白居易尚未出生，白出生於公元七七二年，唐代宗大曆七年，到唐憲宗元和元年（公元八〇六年）已相隔了五十年，白居易初仕之年，時卅五歲，該詩作於陝西盩厔，在長安縣西，與馬嵬坡甚近。

陳鴻寫「長恨歌傳」時，其寫作之動機如下：

元和元年冬十二月，太原白樂天白校書郎尉於盩厔，鴻與琅琊王質夫家於是邑，暇日相攜遊仙遊寺，話及此事，相與感嘆。質夫舉酒於樂天前曰：夫希代之事，非遇出世之才潤色之，則與時消沒不聞於世。樂天深於詩，多於情者也，試爲歌之如何？樂天因爲長恨歌，意者不但感其事，亦欲懲尤物，窒亂階，垂於將來也，歌既成，使鴻傳焉。世所不聞者，予非開元遺民不能知，世所知者，有玄宗本紀在，今但傳長恨歌云耳。其目的旨在諷勸君王戒色，因唐憲宗時代「後庭多私愛」也。

元和年間，白除校書郎外，曾任左拾遺及左贊善大夫。后因上表請求嚴緝刺死宰相武元衡的兇手，得罪權貴，貶爲江州司馬，寫了「琵琶行」。與「長恨歌」成爲白氏傳世之作。

寫「長恨歌傳」之陳鴻，字大亮，係唐貞元元和間人，曾任尚書主客郎中，長於史學，曾以七年之功夫，修《大統紀》卅卷，所作傳奇「長恨歌傳」、「東城父老傳」，反映了唐玄宗時代一些歷史情況，與白居易是好友。

# 唐玄宗的性格作風

要研究唐明皇與貴妃的關係，先須了解唐明皇的爲人。

玄宗諱隆基，睿宗第三子，母親昭成皇后竇氏。性英武，善騎射，通音律、歷象之學，好詩詞，尤嗜歌舞。始封楚王，後爲臨淄郡王，累遷衛尉少卿潞州別駕。中宗（明皇伯父）景龍四年，朝于京師，遂留不遣。韋氏已弒中宗，矯詔稱制。玄宗與太平公主子薛崇簡等定策討亂，誅韋氏。睿宗即位，立爲皇太子。睿宗在位二年餘，於先天元年八月庚子，讓位於玄宗，自爲太上皇，皇帝聽小事，太上皇聽大事。明年七月乙丑，正式歸政於皇帝。太上皇不復問政，四年後崩。

唐玄宗像

玄宗在位四十四年，前期爲開元二十九年，後期爲天寶十五年。開元之世，一片昇平氣象，史謂復振貞觀之風。然開元之治，只是假性繁榮，只是文學史上的一個黃金時代；以言政治、經濟、軍事、社會，則事事都在墜落中。這是自中宗、武后以來的積習使然，不可完全歸咎於玄宗與宋璟、張九齡（二賢相）等君臣。然所謂開元之治，不但未能改正前朝積弊，風氣反見江河日下，則爲不爭的事實。以政風而論，張九齡說：「今天下不必治於上古，而事務日倍於前。」「吏部條章，舉贏千百，刀筆之人，溺於文墨，巧吏猾徒，緣奸而奮。臣謂始造簿書，備遺忘耳，今反求精於案牘，而忽於人才。」「今膠以格條，據資配職。爲官擇人，初無此意，故時人有平配之謂。」（新唐書張九齡傳）又據史稱：「開元以後，天下戶籍久不更造。丁口轉死，田畝賣易，貧富升降不實。」（新唐書食貨志四十二）「漕路多梗，船檣阻隘。江南之人不習河事，轉雇河師水手，重爲勞費。其得行日少，阻滯日多。……民之輸送，所出水陸之直，增以函腳營窖之名。民間傳言，用斗錢，運斗米。」（同志四十四）以兵事而論，由於重文輕武，競尙奢侈浮華，士恥言兵，人不習武。「新唐書」兵志說：「自高宗、武后時，天下久不用兵，府兵之法寖壞，番役多不以時，衛士稍稍亡遷。至是（開元六年）益耗散，宿衛不能給。」乃改徵爲募，初號長從宿衛，後改稱彍騎。「然自是諸府士益多不補，折衝將又積歲不得遷，士人皆恥爲之。」「自天寶以後，彍騎之法又稍變廢，士皆失拊循。八載，折衝諸府至無兵可交。」比較差強人意的，是在刑政方面。「新唐書」刑法志說：「玄宗自初即位，勵精政事，常自選太守、縣令，告戒以言，而良吏布州縣，民獲安樂。二十年間，號稱治平，衣食富足，人罕犯法。」

開元末及天寶間政事日非，自李林甫爲相起。然林甫之得以爲相及固寵，則由於逢迎惠

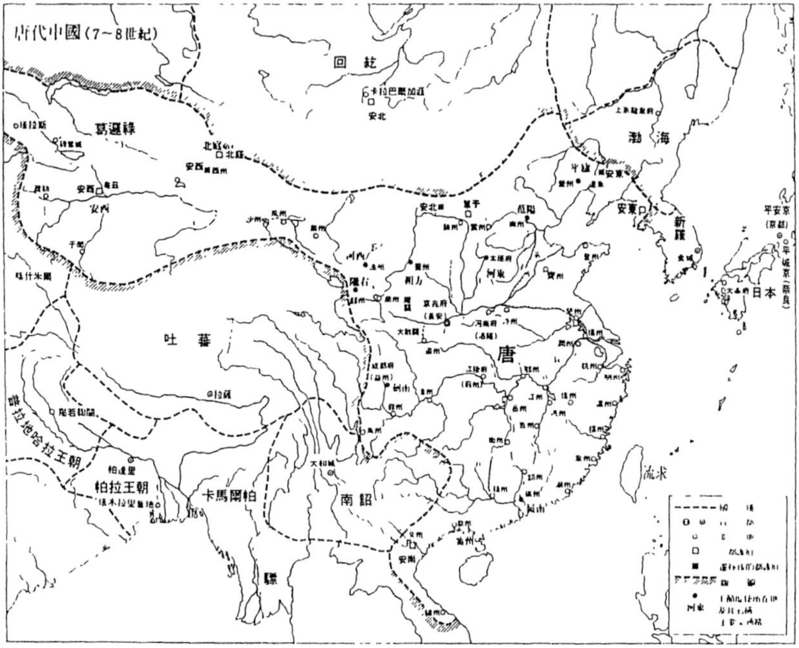


唐帝國勢力分佈圖

妃。換言之，玄宗的失政，由於楊貴妃者小，由於武惠妃者大。因此，我們又須更進一步，先一述玄宗寵愛惠妃的故事。茲先綜合二唐書惠妃武氏，則天皇帝從父兄子，恒安王攸止女也，自幼育於宮中。玄宗即位，恩寵日隆，遂專寵愛。生母楊氏封鄭國夫人，同母弟忠累遷國子祭酒，信爲秘書監。玄宗已廢皇后王氏，特賜號惠妃，宮中禮秩一同皇后。遂將立爲皇后，御史潘好禮上疏諫曰：「禮，父母讐不共天。春秋，子不復讐不子也。陛下欲以武氏爲后，何以見天下士？……」遂不果立。開元二十五年十二月，惠妃薨，追贈貞順皇后。

　以上只是表面文章而已，另外尚有嚴重的內幕故事。例如皇后王氏的失寵與被廢，顯然是爲了惠妃專寵之故。后妃傳雖未提到惠妃進讒，明眼人自可看出。上述御史潘好禮的疏文，謂「張說欲取立后功，圖復相位」，此爲惠妃與大臣有所勾結之第一個跡象。又據「新唐書」太子瑛傳：「及武惠妃寵幸傾後宮，生壽王，愛與諸子絕等。而太子、二王以母失職，頗怏怏。惠妃女咸宜公主婿楊洄，揣妃意，伺太子短，譁爲醜語。惠妃訴於帝，且泣。帝大怒，召宰相議廢之。……」自然，最重要的是與李林甫相勾結，茲摘錄「唐書」李林甫傳之有關惠妃部分如下：

時，武惠妃愛傾後宮，二子壽王、盛王，以母愛，特見寵異。太子瑛益疎薄。林甫多與中貴人善，乃因中官白惠妃云：願保護壽王，惠妃德之。……韓休入相，薦林甫堪爲宰相，惠妃陰助之，因拜黃門侍郎，玄宗眷遇益深。（開元）二十三年，以林甫爲禮部尚書同中書門下三品，並加銀青光祿大夫。林甫面柔而有狡計，能伺候人主意，故驟歷清列，爲時委任。而中官妃家皆厚結託，伺上動靜皆預知之。故出言進奏，動必稱旨；而猜忌陰中人，不見於詞色。……以太子瑛、鄂王瑤、光王琚皆以母失愛，而有怨言。駙馬都尉楊洄白惠妃，玄宗怒，謀於宰臣，將罪之。（初爲張九齡所諫阻，及九齡罷，以林甫爲相），玄宗終用林甫之言，廢太子瑛，鄂王瑤，光王琚爲庶人。（此爲開元二十五年四月間事，是年十二月惠妃薨，其子壽王因不得立。）

玄宗寵愛楊氏一門之事，單從詩歌、小說、戲劇的描寫，孤立地來看，是非常突出的一面。其實玄宗是詩人性格，很重感情，凡他所喜歡的人，都有過寵之嫌，不特對楊氏一門而已。看過了上述惠妃故事，讀者已可看出一個大概；茲再把史上所記的各方面故事，節錄幾件，讀者加以合併研究，就不會對於玄宗之寵愛楊氏一門，大驚小怪了。

玄宗寵愛李林甫，「食有甘味必賜之」；以「勝麗甲京師」的薛王別墅賜之；前後賜與的「天下珍，不可勝計」；天寶六載，甚至「悉以天下歲貢賜之」。（李林甫傳）

玄宗愛番將，不惜打破祖宗家法，安祿山、哥舒翰先後被封王，創唐代將帥封王的先例。尤愛安祿山，在長安爲祿山起第，窮極奢華；賜宴則爲之設金雞帳於御座東。不但如此，祿山每有所請，皆有求必應。例如，祿山已兼平盧、范陽兩節度使，更請河東（今山西），又以河東許之；祿山請以番將三十二人代漢將，亦不顧朝臣反對，竟許之。（安祿山傳）

玄宗喜歡詩人，嘗幸王維署，得見孟浩然；因愛鄭虔之才，特爲增置廣文館，以虔爲博士；呂向晚年，賜錦綵外，又給內教坊樂工，娛懌其心。尤愛李白，賜食而親爲調羹；李白醉殿上，命高力士爲之脫鞾。（以上諸人列傳）又據孫逖傳，開元中，海內少事，帝賜群臣十日一宴，群臣常賦詩歌頌。

玄宗愛左右宦官，宦官多至三千餘人。太宗時曾下詔，內侍不立三品官。武后時宦官稍增，然衣紫者（四五品）尚少。開元、天寶間，衣紫者千餘人，除三品將軍者殊不少。高力士且爲驃騎大將軍，封渤海郡公，甚至太子（肅宗）亦兄事高力士，諸王、公主等呼高力士爲阿翁，駙馬輩呼之爲爺。唐代宦官干政自高力士起，爲將自楊思勗起，監軍自邊令誠始，皆爲玄宗的創作。

憑以上幾件事實，我們至少可以認識三點：㈠楊氏一門受寵，雖使人眼紅，卻不是特例。

㈡玄宗感情用事，至於此極，妃子、宦官、外戚、文臣、武將、詩人都被寵壞，天下那能不亂？拿一個弱女子楊玉環，來做安史之亂的代罪羔羊，未免太冤枉。㈢「祿山請爲貴妃養兒，明皇許之。又命楊銛以下，並與祿山結爲兄弟姊妹」，完全是明皇感情用事性格的表現，並非楊貴妃有意收一個胡人做養子。而且遠在貴妃入宮之前，祿山早已成爲明皇的寵愛人物，不可把這筆帳誤記在貴妃頭上。

其次要弄清楚的是玄宗的年齡。玄宗崩於肅宗上元二年（公元七六一），年七十八歲。楊玉環入宮期年而被冊封貴妃，事在天寶四年（七四五），她死於天寶十五載（七五六），死時三十七歲。以此推算，玄宗生於武后光宅元年（六八四），貴妃生於開元七年（七一九）。貴妃自入宮至死，共事帝十一年，乃在玄宗六十二歲至七十二歲，貴妃二十八歲至三十八歲之間。

俗語說，少年夫妻老年伴，老年人所貴的是精神伴侶，其主要條件，在於日常生活的體貼入微，凡事知心解意，尤貴能迎合自己的嗜好，並不在於床第之歡。後世的詩歌小說戲劇，極言貴妃以色邀寵，那是把明皇的年齡忘記了。「舊唐書」楊貴妃傳只說：「太眞姿質豐艷，善歌舞，通音律，智算過人，每倩盼承迎，動如上意。」「新唐書」的楊貴妃傳，評語也是一樣，只加上「遂專房宴」四個字。

要更進一步了解明皇與貴妃之恩愛，必須知道明皇對於歌舞的深深嗜好。首先，從后妃傳及太子瑛傳，我們知道，太子瑛之母王皇后，武惠妃，及楊貴妃，皆喜歌舞，換言之；明皇先後三寵妃皆善歌舞，明皇對歌舞的偏好已很明顯。然後我們再從「新唐書」禮樂志，摘錄一段有關文字如下：

> 玄宗既知音律，又酷愛法曲，選坐部伎子弟三百，教於梨園。聲有誤者，帝必覺而正之，號皇帝梨園弟子。宮女數百，亦爲梨園弟子，居宜春北院。梨園法部，更置小部音聲三十餘人……凡樂人，音聲人，太常雜户子弟，隸太常及鼓吹署，皆番上，總號音聲人，至數萬人。玄宗又嘗以馬百匹，盛飾，分左右，施三重榻舞，傾盃數十曲，壯士舉榻，馬不動。樂工少年姿秀者十數人，衣黃衫，文玉帶，立左右。

由此可見，玄宗因精於音律，嗜歌舞如命。同時，由於在位日久，早就怠於朝政。「新唐書」李林甫傳：「時帝春秋高，聽斷稍怠，厭繩檢，重接見大臣。及得林甫，任之不疑。林甫善養君欲，自是帝深居燕適。」李林甫拜相是在開元二十三年，事在貴妃受寵前九年，可見明皇早在五十餘歲時就倦於朝政；不是在貴妃得寵之後，生活突然改變，才有「從此君王不早朝」的事。

# 三千寵愛在一身

白居易的「長恨歌」中有「三千寵愛在一身」之句。

唐朝的後宮，果眞有佳麗三千人嗎？非也。三千不過是古時形容「多」的意思，如同「門第三千」、「食客三千」，並不是不多不少，正好三千，在唐代後宮，按照制度，有身份地位的女人，如下：

**唐代後宮制度**

皇后

夫人（各1人）

|  | |  |
|---|---|---|
| 貴妃 | （三夫人） | 正一品 |
| 淑妃 | | 正一品 |
| 德妃 | | 正一品 |
| 賢妃 | | 正一品 |
| 昭儀 | | 正二品 |
| 昭容 | | 正二品 |
| 昭媛 | | 正二品 |
| 修儀 | | 正二品 |

| 類別 | 名稱 | 合計 | 品級 |
| --- | --- | --- | --- |
| 嬪（各1人） | 修容 | （九嬪） | 正二品 |
| | 修媛 | | 正二品 |
| | 充儀 | | 正二品 |
| | 充容 | | 正二品 |
| | 充媛 | | 正二品 |
| 世婦（各9人） | 婕妤 | （二七世婦） | 正三品 |
| | 美人 | | 正四品 |
| | 才人 | | 正五品 |
| 御妻（各27人） | 寶林 | （八一御妻） | 正六品 |
| | 御女 | | 正七品 |
| | 采女 | | 正八品 |

此外，還有隨侍在側的女官，宮女，針黹婦、雜役、炊事……加起來，可能超過三千。

玄宗曾向貴妃說：「愛妃，卿如果那樣的話，雖稍許微風也會安全的了。」玄宗是對著貴妃的胖而說，因此我們可據之肯定楊貴妃是個肉感美人。

美人的標準因時代而有所不同。以中國來說，在漢代，女人苗條纖弱，方被視爲美人，到了唐代，人們喜歡膚色細白，豐滿肉感的美人。

楊貴妃喜食蜀和南海的荔枝的逸事，便不妨作爲她出生在南方的立論的線索。她是

《馬嵬志》所繪製的楊貴妃像

一個肢體豐滿的女人，這可以從「太眞姿質豐艷」（舊唐書貴妃傳）和玄宗的梅妃江氏罵她爲「肥婢」（曹鄴梅妃傳）二事推想而知。白樂天和長恨歌中有「春寒賜浴華清池，溫泉水滑洗凝脂」的詠歎，足見她的肌膚是豐麗而又白晳的。她的肢體豐滿的事實，和唐代華南地方的婦女「越婢肥肉淨，奚僮眉眼明。」（元氏長慶集卷二十三，估客樂）的情形對照起來，可以使「她出生在南方」的臆測，得到有力的根據，越婢在當時「越」地，顯係指江南地方女人。古楊曉、楊晞。南一帶，住印度支那人種甚多，這種奇特的體質，也許是異國人所獨有的。

無論如何，她總不像一個具有純粹中國人血統的女人，她既生長在憧憬外國文化的唐代，又受到心醉於外國文化的玄宗的寵愛，當然要成爲衆人羨慕和喜愛的對象了。

唐書五行誌上說：

天寶初，貴族及士民，好爲胡服胡帽；婦人則簪步搖釵，衿袖窄小。

唐玄宗年間，中國人對於外國文化心醉的情形，由此可見一斑。在《明皇雜錄》及其他裨史上，記述玄宗喜愛「霓裳羽衣曲」和羯鼓等外國音樂，可以爲他心醉於外國文化的證明。

從兄楊釗（後來由玄宗賜名國忠）本是張易之的兒子，隨母改嫁到楊家爲養子，性情陰險，喜攬權勢，又最會奉承，經貴妃薦舉，得到玄宗的特別寵信。

天寶五年（公元七四六年）七月，貴妃與梅妃爭風吃醋犯了一點小過，玄宗命人將她送回楊銛家中，纔到中午，便想念她，飲食不進。高力士明白他的意思，請求送些用具食物給貴妃，玄宗命將御饌也分些送去，卻不便明說要貴妃回來，悶在心裡，時常作怒，打罵左右。高力士跪下磕頭，請接貴妃回宮，玄宗不語，高力士知道這已是默許了，當晚開了安興坊的門，將貴妃接回宮來；貴妃跪在地上認罪，玄宗立時轉怒爲喜，笑嘻嘻地拉她起來，撫摸安慰一番，貴妃趁勢撒嬌獻媚，一切便煙消雲散了。

第二天，韓國、虢國兩夫人備了酒菜送入宮中，慶賀他倆破鏡重圓，玄宗十分開心，整天和她們一塊兒作樂。賜韓、虢、秦三夫人每年各一千貫作脂粉費，左右的人也都得了賞賜。從此以後，貴妃更得寵愛，楊家諸人，氣燄也更高了，楊銛陞到了三品大官；兄弟姊妹五家全是高樓大廈，跟皇宮一樣的富麗堂皇，車馬僕婢，又美又多，長安城裡，再沒有比得上他們的了。

皇宮內，貴妃的享受，窮奢極侈，單是伺候貴妃院的織錦工人、綉花工人就有七百多，另外彫刻的、鑄造的工人又有好幾百。嶺表刺史楊益找了最好的工人製作精巧的物品和時新的衣服獻給貴妃，討她的歡心，也因此陞了大官。貴妃愛吃荔枝，每年成熟之時，從廣東用快馬一站接一站的飛跑，每日跑八百里，共七天到達長安，還能保持新鮮。

玄宗出去遊玩，必帶貴妃同去，形影不離，如膠似漆。楊國忠和姊妹兄弟們五家的人也跟著去，每家一隊，衣著鮮艷，五彩繽紛，好像百花齊開；所過之地，遺落下的釵環、鞋襪、珠寶、翡翠等，時有所見，脂粉衣服的香味，一路都聞得到。楊國忠和虢國夫人又私通了，放浪形骸，旁若無人。又皇家的皇子、皇孫、公主們的婚姻，都由韓、虢兩夫人介紹，要先送她們賄金一千貫，才容易得到玄宗的批准。凡此種種，使天下人對於貴妃及楊氏一門怨恨日深，也就種下了將來的禍根。

天寶九年（公元七五〇年）貴妃又因事得罪了皇上，被送還楊家，有一個叫吉溫的官兒，和宮中宦官們最熟，國忠和他商量之後，吉溫進宮對玄宗說：「貴妃是女人，知識有限，冒犯了聖上，當然罪有應得；但是她侍奉聖上多年，何不在宮內給一塊小地方，叫她死了，免得在外丟醜。」玄宗心又軟了，叫宦官張韜光把御用的食物送去，貴妃流著眼淚對他說：「我有罪，應當死，我的一切都是皇帝給的，祇有身體是父母所生，現在要死了……」說著，隨手剪下一綹頭髮交給韜光道：「請呈獻皇上留作紀念吧！」玄宗一見，嚇得楞住了，立時下令召回貴妃，憐愛愈深，楊國忠也因此更得寵信，陞爲宰相，兼劍南節度使，權勢既大，也就更驕傲放肆了。

# 楊貴妃的身世

關於楊貴妃的身世，《新舊唐書．后妃傳》以及宋樂史的《楊太眞外傳》、明人鄺露的《赤雅篇》……均有不同的記載。

有說：「她是隋末梁郡通守汪四世孫，徙籍蒲州，遂爲永樂人、幼孤，養叔父家。」

又說：「楊貴妃，高祖令本，金州刺史，父玄琰蜀州司戶貴妃生於蜀，妃早孤，養於叔父河南府士曹玄璬。」

按上述記載，貴妃是楊玄琰之女，叔父是楊玄璬；但她出生地廣西的《梧州府志》之記載如下：

貴妃，姓楊，容州雲凌里人，小名玉環，早失父母，家貧，初孕十三月，生六日，異香滿室，胞衣如蓮花，三日目仍不開，母夢神人以手拭開，黑如點漆，抱日下不稍瞬，肌如玉，貌絕倫。後軍都督部署楊康見之，以財求爲女，能聽讀誦，漸長通語，楊康夫婦愛之甚。時長史楊玄琰攝行師，聞而求見，歸與妻曰：資質異常，吾女還不及。倍金以威脅康，仍求爲女。康夫婦亦從其請。女性敏悟，通音律經史。秩滿長安，選入壽王宮，年十四。明皇召入內，號曰太眞，大被寵遇，天寶冊爲貴妃。

她早失父母，家貧素窶，先爲楊康，以財帛求爲女，及後又被楊玄琰以倍金威脅求爲女，年十四歲時，即被選入壽王宮，後來，由宮人被高力士發覺，先送入太眞觀做女道士，再由溫泉宮與唐玄宗相遇，被冊封爲貴妃。

做了貴妃，身價就不同了。

楊玉環選立貴妃時，她的亡父贈諡太尉齊國公，母贈諡涼國夫人。

她的兄姐也都受封，兄楊銛封鴻臚卿，從兄鑑、錡爲殿中侍御史。姐三人封韓國、虢國、秦國夫人，在長安賜宏偉宅第。

世人這麼形容楊氏一族的榮顯：「一貴妃、二公主、二郡主、三夫人、一宰相、一尙書、二大卿。」

楊釗是一門榮耀的代表，後來做了宰相的楊國忠。

楊氏的家系，沒有史料可蒐集。就拿楊國忠和楊貴妃兩人的關係來說，有的說是從兄妹，有的說是異母從兄妹；衆說紛紜。

依據玄宗爲楊國忠父親楊珣書寫的碑文裏，可知貴妃和楊國忠是從兄妹的關係。顯然楊國忠爲了建立楊珣的碑文而利用貴妃，因此故意修正說是從兄妹的關係。

也有說是從祖兄關係的，如《新唐書》《舊唐書》《資治通鑑》《楊太眞外傳》等。

此外還有種種的說法。我們都將它放在介紹貴妃家系表內作爲參考。

## 楊門一家系略表根據《新唐書》

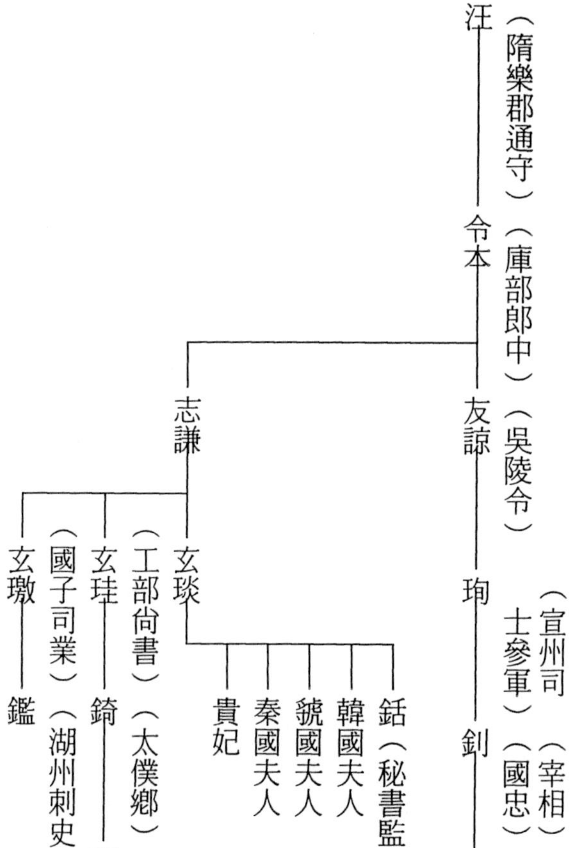


關於楊國忠，無論在那一種史料中都說他是個「不學好的無賴」。沉迷在酒和賭博裏，身心崩潰，爲楊氏一族唾棄。後來發憤投身蜀軍，才稍爲學好。

他給人們觀感是，並不是有骨氣的人。軍職任期完畢，他毫無積畜，沒有返回故里，在四川遊蕩，於是往遠親，即貴妃家走動很勤。傳說他和貴妃的二姊，後來的虢國夫人，感情很好，也是這個時候的事情。

等到玄宗皇帝專寵貴妃一人時，他才平步青雲，扶搖直上。他精通賭博的技巧，能稱玄宗的心，做到監察御史，在壓制反對宰相李林甫一案很見魄力。不久李林甫的勢力沒有發展，才將他的權力削減。

他說話輕率，有失教養，但儀表堂堂，口齒伶俐，很討玄宗的歡心。

楊國忠把親戚都拉入權勢範圍之內。貴妃的姐姐們到宮中應酬拜謁時，據說玄宗的胞妹玉眞公主甚至被冷淡，而顯不安。

楊貴妃姐姐三位夫人，加上楊銛、楊錡共五家（如加楊國忠一家，即六家），據說每家勢力都不可輕視。對此，史書也有記載。

在五家之中，氣勢最盛的是虢國夫人。她和楊國忠之間的醜聞不斷，爲人所不恥。

楊國忠兼任中書令（掌理人事任免），負責科舉考試。傳說考試時，虢國夫人曾隔著屏簾向外看，指著那些無賴，或面貌醜惡的人，或年紀老的考生們而大笑。

與這五家比較起來，貴妃至少在表面上顯得端正、穩重，不介入政治，還能博取人們的好感，這也是她處身的方法。

楊國忠所以得到權勢，是當開元九年（公元七五〇年）李林甫的權力走下坡時所促成。李林甫有二十餘條罪狀被舉發，並且出現了彈劾者。爲了明哲保身，官僚們很勢利的離開李林甫，投向楊國忠的懷抱。

開元十一年（公元七五二年），李林甫病死，楊國忠的聲望登峰造極。除身任宰相之外，統領四十餘使。《新唐書》記載他的俸祿不下百萬。百萬之數，爲現在的多少？我們雖然不知道，但是當時米價一斗（約兩公升）爲三十錢左右，是有史可考的。

安祿山與楊國忠兩人水火不容。在李林甫被打倒時，安祿山與楊國忠立場一致，不多久就發生衝突。兩人的交情驟然冷淡，楊國忠走向排斥安祿山的道上。

最後安祿山作亂，有人說也是被楊國忠逼的。

楊國忠沒想到他會在馬嵬坡被殺。

他的親生兒子四人，名字依序爲楊暄、楊昢、楊曉、楊晞。依照公家發布的消息，楊暄和父親一同死於馬嵬，楊昢被捕後殺死，楊曉逃到漢中被殺，楊晞和母親一起在陳倉死亡。

# 安祿山與楊貴妃

史上有關安祿山的資料很多，如《新、舊唐書》的〈祿山傳〉、唐朝姚汝能撰的《安祿山事迹》、宋司馬光撰的《資治通鑑》及一些稗官野史等。這些史料的共同特徵，是對祿山其人的憎惡與詈罵。

楊貴妃與安祿山究竟有沒有曖昧行爲，先得研究安祿山其人。

安祿山，營州柳營雜胡也。《新唐書》指出他本姓康，母阿史德爲女巫，居突厥中，禱於軋犖山而生祿山，遂字軋犖山。少孤，隨母改嫁虜將安延偃，始改姓安，更名祿山。

祿山忮忍多智，善億測人情，通六種蕃語，爲互市牙郎（類似掮客）。張守珪節度幽州，稍提拔之，得爲裨將。然祿山體肥，守珪惡之，由是食不敢飽。守珪收爲養子，自是漸顯，以平盧兵馬使，擢特進幽州節度副使。御史中丞張利貞採訪河北，祿山百計，多出金結交左右，張利貞回朝，盛言祿山能，授營州都督平盧軍使。天寶元年，以平盧爲節度，祿山爲之使，兼柳城太守，押兩蕃、渤海、黑水四府經略使。明年入朝，奏對稱旨，進驃騎大將軍。又明年，代裴寬爲范陽節度河北採訪使，仍領平盧軍。祿山北還，詔中書、門下、尚書三省正員長官，御史中丞，餞鴻臚亭。

席豫爲河北黜陟使，言祿山賢。時，宰相李林甫嫌儒臣以戰功進，尊寵間已，乃請啓用蕃將，故帝寵祿山益牢，群議不能軋，卒亂天下，林甫啓之也。

時，楊貴妃有寵，祿山請爲妃養兒，帝許之。其拜必先妃後帝，帝怪之，答曰：「蕃人先母後父」。帝大悅，命與楊銛及三夫人約爲兄弟姊妹。由是祿山有亂天下意，命麾下劉駱谷居京師，伺朝廷隙。晚年益肥壯，腹垂過膝，重三百三十斤。每行，以肩膊左右擡挽其身，撐起贅肉方能移步。至玄宗前，作胡旋舞，疾如風焉。祿山肚大，每著衣帶，三四人助之，兩人擡起肚，豬兒（祿山所寵侍者，閹人）以頭頂起肚子，始取裙褲帶及腰帶。玄宗寵祿山，賜華清池湯浴，皆許豬兒等入助解著衣服。

每乘驛入朝，半道必易馬，號大夫換馬臺。不爾，馬輒仆。故馬必能負五百石馳者，乃勝載祿山。

祿山自以無功而貴，見天子盛開邊，乃欺騙契丹諸酋，大置酒宴，酒中暗放著莨菪子。（註：有毒之草藥）預掘一坑，待其昏醉，斬首埋之，皆不覺死。前後十餘度，每度數十人，獻馘闕下。帝不知，賜鐵劵，封柳城郡公，又贈延偃范陽大都督，進祿山東平郡王。

九載入朝，又求兼河東，遂拜雲中太守河東節度使。十一載，率河東兵討契丹，大敗，營士略盡。祿山中流矢，棄衆走山而墜，子慶緒、孫孝哲掖出之。皇太子及宰相楊國忠屢言祿山反，帝不信。國忠請追還朝，以驗厥狀。祿山揣得其謀，乃馳入謁。帝意遂安，凡國忠所陳無人信之。十三載，來謁華清宮，對帝泣曰：「臣蕃人，不識文字，陛下擢以不次，國忠必欲殺臣以甘心。」帝慰解之，拜尚書左僕射，賜實封千戶，詔還鎮。

自是之後，帝漸疑之，屢詔祿山入朝，皆不至。十四載冬十一月，祿山遂反於范陽。

看過上述簡傳，我們便可知道：㈠祿山毫無戰功，其不次拔擢，只怪玄宗糊塗到頂。除李林甫勸玄宗用蕃將一誤，及幾個受賄而賢祿山者外，他人皆無罪，連楊國忠也不應爲祿山之反負咎。㈡貴妃與祿山所謂母子關係，只不過是狡黠的安祿山，欲討好玄宗而請求的（他比貴妃大十六歲，也只有他才有那麼厚的臉皮），貴妃只是順承皇帝意旨，奉命做了養母，並非她對祿山有何愛好。㈢至於所謂曖昧關係，則完全是後人造謠。讀者試想想看，體重三百三十斤的安祿山，患著嚴重的癡肥病，他還有糖尿病，還會偷情嗎？誰替他寬衣解帶，擡起肚皮，伺候他行事？美人楊玉環會愛上他？

白居易雖然屢以楊妃爲題材，大寫其諷君之作，在他筆下，還算相當含蓄，並沒有提到偷胡兒的話；陳鴻的「長恨歌傳」也沒有說。白居易是寫眞主義的詩人，他的詩歌及奏章，皆直言不諱，由此判斷，即在白居易的時候，大概也還沒有貴妃、祿山羅曼史的傳說。然而，白居易的詩，尤其是「胡旋女」一篇，處處以貴妃、祿山並提，很有啓發他人想入非非的暗示作用。而且他的詩很通俗，流傳甚廣，據他自己說：「士庶、僧徒、孀婦、處女」，都誦讀他的詩。元稹爲白氏「長慶集」作序，更說是「王公、妾婦、牛童、馬走之口無不道。」於是，問題就發生了。

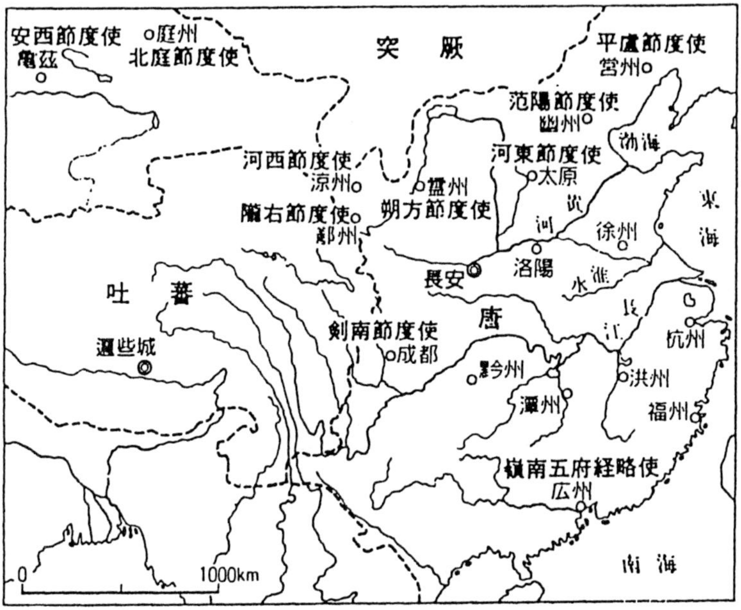


唐朝十節度配置要圖

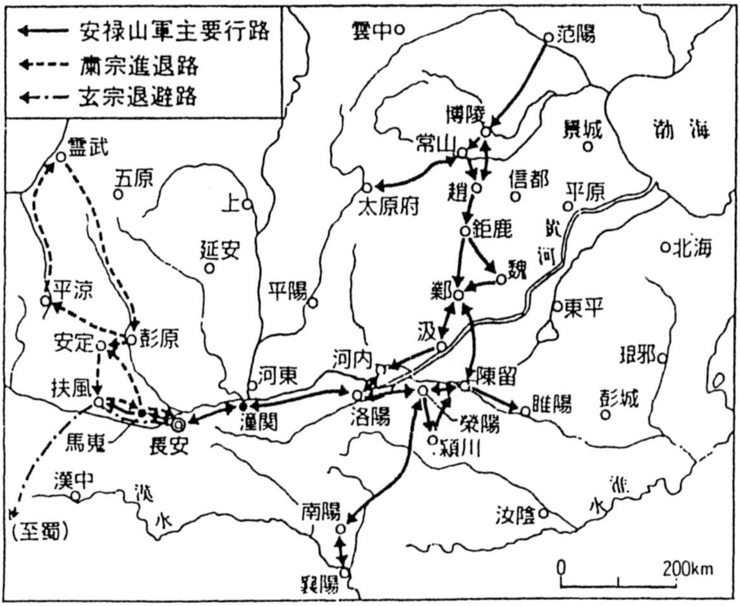


安祿山之亂進軍圖

任何故事，尤其是名女人故事，流傳已廣，自然不免加油添醋，愈說愈甚。恰好唐代的傳奇，宋代的話本，金源的院本，元代的雜劇，相繼產生，文學愈來愈熱鬧，貴妃其人其事，又正是這些文學作品的大好題材。於是，白居易「長恨歌」等留給人們的暗示作用，幾經衍化，遂分多方面發展——「長恨歌」的下半篇，衍化爲月裡嫦娥故事；「胡旋女」衍化爲洗祿兒，再衍化爲貴妃、祿山的姦情；「長恨歌」篇首的「六宮粉黛無顏色」，及「上陽白髮人」一篇樂府，則衍化出一個梅妃故事。而陳鴻「長恨歌傳」所云，「詔高力士潛修外宮，得弘農楊玄琰女於壽邸」，則衍化出貴妃初爲壽王妃的故事。

從文學角度來看，楊玉環故事愈來愈豐富，愈美化（文學形式上的完美化，不是道德觀的美化），毋寧是自然發展，與歷史上其他名人的小說化，戲劇化，其發展過程，大都一樣，甚至可以說同一公式，研究過文學史的人無不知道，不足爲奇。千不該，萬不該，司馬光不該把文學的想像作品，搬上他的史書。

貴妃故事的多方發展，不但自其內容，可看出皆淵源於白居易的詩歌（及陳鴻的傳文），再把中唐之後，以迄宋初諸有關作家的年代查考一下，也很符合此說。袁枚提起李義山、鄭嵎二人的詩，而沒有追查其年代及淵源，所以還存著一個疑問，不能找出答案，現在一併替他解答如下：

按白居易的「長恨歌」，作於元和元年（公元八〇六）。

李義山即李商隱，開成進士。開成是文宗年號（八三六—八三九），其詩當後於「長恨歌」三、四十年。

鄭嵎是大中進士，大中是宣宗年號（八四七—八五九），其「津陽門」詩，當後於「長恨歌」四、五十年。

至於露骨地描寫貴妃與祿山有曖昧事，而爲《資治通鑑》所依據的，是王仁裕之《天寶遺事》，姚汝能之《安祿山事跡》，溫畬之《天寶亂離西幸記》等，則爲唐末五代間後出之作，其問世之時當在公元九〇〇年之後，距離「長恨歌」之作約一百年，距離天寶末約一百五十年。宋樂史的《楊太眞外傳》尤遲出，已屬宋人著作。

司馬光的《資治通鑑》唐紀天寶十載正月，有下列記載：

甲辰，祿山生日，上及貴妃賜衣服、寶器、酒饌甚厚。後三日，召祿山入禁中，貴妃以錦繡爲大襁褓，裹祿山，使宮人以彩輿舁之。上聞後宮笑，問其故，左右以貴妃三日洗祿兒對。上自往觀之，喜，賜貴妃洗兒金銀錢，復厚賜祿山，盡歡而罷。自是，祿山出入宮掖不禁。或與貴妃對食，或通宵不出，頗有醜聲聞於外，上亦不疑也。

過去，司馬光的《資治通鑑》，被認爲是權威史書。通鑑有此紀錄，楊貴妃好像受了最高法院的最後宣判，無可上訴。事實上《資治通鑑》博採稗官野史，有不少乖誤之處，楊貴妃這一則紀錄，就是錯誤之一。

這個錯誤，早就有人發現。清代所編「歷代御批通鑑輯覽」，曾明白地表示此說不足信，在同一年月的綱目下註云：「通鑑載……考此皆出《祿山事跡》及《天寶遺事》諸稗史，恐非實錄，今不取。」

清代名詩人袁枚，更明白地為貴妃雪冤，《隨園詩話》卷二說：

楊妃洗兒事，新舊唐書皆不載，而溫公通鑑乃採「天寶遺事」以入之。豈不知此種小說，乃村巷俚言，所載張嘉貞選婿得郭元振，年代大訛，何足為典要，乃據以污唐家宮闈耶？余詠玉環云：「唐書新舊分明在，那有金錢洗祿兒？」蓋洗其冤也。

然而，袁枚還有不能解決的疑問，所以他接著又說：

李義山「西郊百韻」詩，有「皇子棄不乳，椒房抱羌渾」之句；大中進士鄭嵎「津陽門」詩，亦有「祿兒此日侍君側，繡羽褓衣日屓昴」之句。豈當時天下人怨楊氏，故有此不板之語耶？……

至於《天寶遺事》一書，則早在南宋初，已有洪邁指出其淺鄙。他的《容齋隨筆》卷一，有一則「淺妄書」，曾列舉《天寶遺事》一些錯誤以為笑談，又評稱：「固鄙淺不足取然頗能誤後生。」

宋、高承所撰之《事物紀原》一書上記載：「唐楊玉環和安祿山，指爪傷胸乳間，乃製訶子護之。」當時的「訶子」，就是原始的「肚兜」，亦即今日女人所載之「胸罩」也。

當年，楊貴妃與安祿山似乎眞有一些不尋常的曖昧關係嗎？但，此事亦可能是因安欲強暴，為貴妃所拒，在胸間留下爪痕。

綜上所述，以貴妃、祿山私通故事為題材的各種作品，畢竟要到《資治通鑑》出書之後始大盛。其原因，除司馬光人望及《資治通鑑》權威，使人深信不疑外，又因戲曲興起，有如因風助火，遂成燎原之勢。因爲這麼好的題材，作曲家自然爭相採用，誰也不肯放過。自宋起，歷元、明、清三代，代有不少貴妃故事的新戲曲，可說是十分熱鬧，至今不衰。那些作品雖已一一散佚，從散見的私人札記所道，與「錄鬼簿」、「太和正音譜」等之存目，其數已不算少。任何故事的文學發展，到戲劇便完全成熟，因爲戲劇有一個現實的賣座問題鞭策著，一定要十分刺激，才能滿足觀衆的好奇心。然而，一到了戲劇階段，離開歷史事實便十萬八千里了。

至於平劇的「貴妃醉酒」，表演貴妃淫蕩之態，那就更不堪入目了。

「天寶遺事」等稗史，出自天寶以後一百五十年左右，且滿口胡言，我想，司馬光不會不知道。那麼，他爲什麼居然採信呢？原來司馬光寫《資治通鑑》，並非爲史作史，他與司馬遷作「史記」的態度完全不同。他的寫作動機及其經過，據「宋史」司馬光傳說：「光患歷代史繁，人主不能偏覽，遂爲通志八卷以獻。英宗悅之，命置局秘閣，續其書。至是，神宗名之曰資治通鑑。」他的書既然是寫給皇帝讀的，其著作目的就與白居易的「爲君而作」之詩一樣，旨在勸君爲善，故對於女禍、宦官等事特別強調，以爲人君之誡。楊貴妃故事符合他的宗旨，所以便不復究其眞僞。我們細究原委，雖可諒解司馬光的本意；可是，後代讀史的人，卻不免大上其當。至於當事人楊玉環，則受害未免太慘了！

再進一步研究，楊貴妃侍明皇遲暮之年，並無嫉妒排斥其他后妃宮人之事；他的承歡解意，也只限於歌舞與出遊，使老皇帝晚年私生活過得愉快而已，從不過問政事。

安祿山後來又患了疽病。身體的疾病，還不是安祿山的最大悲劇，他所寵愛的側室段夫人，想以親生的安慶恩，取代安慶緒爲太子。安慶緒害怕被廢，安親信嚴莊也因爲安祿山病情加劇，而陷入不愉快的處境，於是嚴莊和安慶緒以及常遭安祿山箠撻的李豬兒，陰謀暗殺安祿山。本來怯懦而凡庸的安慶緒，不敢答應嚴莊的提議，後來因爲李豬兒加入才下定決心。

嚴莊和安慶緒拿著武器佇立帳外，李豬兒拿把大刀衝進營帳裏，對準安祿山的巨腹砍下，衛兵害怕地動都不敢動。眼睛看不見的安祿山雖然備有佩刀在枕畔，以防不測，但他一直摸不到，只能抓著帳竿慘叫。

「逆賊是嚴莊的手下！」

由於腹部大量噴出鮮血，安祿山終於氣絕。他們在牀下挖個洞，用毛氈裹住屍體埋入洞中後，命令宮人不得洩漏機密。翌日，嚴莊宣佈安祿山陷於危篤狀態，立安慶緒爲太子，發佈「一切軍國大事取決於太子」的僞詔。進而又以安祿山太上皇，讓安慶緒即位。

有關安祿山被殺的日期，史家說法不一。《新、舊唐書》」都說是至德二年（西元七五七年）正月初一日之半夜，也就是安祿山五十五歲生日那天。『本紀』的六日是元日之誤「事迹』的五日大概是發喪日期。反正都是在攻陷洛陽一年半以後。

## 楊貴妃、安祿山年表大事記

| 年代（西元） | 楊貴妃、安祿山有關事項 |
|---|---|
| 七〇三 | 這一年安祿山生於突厥。本姓康，少孤，母親屬於突厥阿史德氏一系，改嫁安延偃，遂改姓安，名祿山。 |
| 七一〇 | 皇后韋氏殺中宗。李隆基殺韋氏，讓父親李旦復位（睿宗）。 |
| 七一三 | 李隆基即位（玄宗）開元之治開始。 |
| 七一五 | 這一年安祿山投奔唐朝。 |
| 七一九 | 楊貴妃出生。養父是當時的蜀州司戶楊玄琰。 |
| 七二四 | 玄宗廢皇后王氏，將她貶爲庶人。 |
| 七三三 | 楊貴妃十四歲，選入壽王府，做官人。 |
| 七三四 | 安祿山爲張守珪部下。<br>張九齡任中書令，李林甫任禮部尙書。 |
| 七三五 | 楊貴妃在壽王府學習音樂、舞蹈。 |
| 七三六 | 安祿山因戰敗之死罪，被送回都城。 |

| | |
|---|---|
| | 李林甫排斥張九齡。 |
| 七三七 | 安祿山獲赦免於死罪，重返戰線。<br>張九齡被左遷。李林甫的專權開始。<br>武惠妃死（四十歲），楊貴妃仍在壽王府。被高力士發現，玄宗詔見之。 |
| 七四〇 | 安祿山任平盧兵馬使。<br>玄宗接楊貴妃上驪山溫泉宮。楊貴妃入太眞宮。（時廿歲） |
| 七四一 | 安祿山任營州都督、平盧軍使、四府（奚、契丹、渤海、黑水）經略使。 |
| 七四二 | 安祿山任初代平盧節度使。 |
| 七四三 | 安祿山正月入朝。 |
| 七四四 | 安祿山兼任范陽節度使。 |
| 七四五 | 楊貴妃獲得貴妃的身份，楊氏一族也都被賜官位。<br>安祿山向奚和契丹挑起戰爭，並擊敗他們。 |
| 七四六 | 楊貴妃因嫉妒，令玄宗不悅，出宮住其兄官邸，高力士從中調停，即日重返宮中。 |
| 七四七 | 安祿山兼任御史大夫，時四十五歲。<br>安祿山成爲楊貴妃姊妹們的義兄弟，成爲楊貴妃的養子。安祿山加強軍備。時貴妃廿九歲。 |
| 七四八 | 楊貴妃的姊妹崔氏被封爲韓國夫人、裴氏爲虢國夫人、柳氏爲秦國夫人。 |

| | |
|---|---|
| 七五〇 | 楊貴妃自行離宮，不久又被召回宮廷。安祿山任東平郡主，接著兼任河北道採訪處置使。安祿山討伐奚和契丹，入朝獻上奚的俘虜八千人。 |
| 七五一 | 安祿山蒙賜親仁坊的新邸。楊貴妃以襁褓裹安祿山，並讓他坐上轎子。安祿山兼任河東節度使。安祿山征討契丹大敗，但與史思明結下深厚交情。<br>楊國忠任劍南節度使。 |
| 七五二 | 安祿山率領二十萬步騎兵討伐契丹。<br>玄宗讓安祿山、哥舒翰和安思順結成義兄弟，但安祿山與哥舒翰卻反而更加不和。龍武軍士們計劃殺害李林甫和楊國忠失敗。<br>李林甫死，楊國忠任右相。<br>封常清任安西節度使。 |
| 七五三 | 楊貴妃與安祿山誣告李林甫謀反。<br>楊國忠與安祿山對立，與哥舒翰聯合。<br>李林甫一族因被誣告而失去官爵。<br>哥舒翰破吐蕃。<br>封常清破大勃律。 |
| 七五四 | 安祿山企圖叛變而入朝，得左僕射之官位，兩個兒子也獲得官位。<br>安祿山兼任閑廏、群牧總監。 |
| 七五五 | 安祿山派遣使者何千年，請求以蕃將替代漢將。<br>安祿山動員奚、契丹等藩族十五萬兵在范陽起事。安史之亂開始。 |

| | |
|---|---|
| | 安西節度使封常清兼任范陽、平盧節度使，由他防守洛陽。顏眞卿舉兵抗叛軍，安慶宗被斬。安思順任戶部尚書，郭子儀任朔方節度使。平原太守顏眞卿抵抗叛軍。洛陽陷落。封常清因戰敗之罪及讒言而被處刑，高仙芝也被斬。由哥舒翰帶兵在潼關防守。 |
| 七五六 | 安祿山自稱大燕皇帝，在洛陽即位。史思明攻常山，安慶緒攻潼關。由郭子儀推薦而被任用的李光弼收復常山，郭子儀和李光弼連破叛軍後轉戰河北。哥舒翰因冤罪殺安思順。哥舒翰原來主張堅守潼關，被強迫出擊後大敗，送洛陽處死。<br>玄宗率領百官向蜀逃亡。途中在馬嵬驛，楊國忠、韓國夫人以及秦國夫人先被軍士所殺。玄宗因被迫而命高力士將楊貴妃縊死。接著虢國夫人亦被殺。安祿山入長安城。太子在靈武即位（肅宗）。玄宗一行入成都。顏眞卿與靈武獲得聯繫。郭子儀和李光弼等人入靈武，靈武陣容堅強。回紇、吐蕃派出援兵。<br>史思明攻陷九門、趙都、常山。顏眞卿放棄平原，逃到靈武。于闐王自動來援。回紇、吐蕃也在各地獲得戰果。 |
| 七五七 | 安祿山想以安慶恩取代安慶緒爲繼承者。因其輕舉妄動招來近侍之恨。安慶緒命宦官李豬兒殺安祿山。死時五十五歲。 |

# 生前未為「壽王妃」

## 一

楊貴妃，是中國歷史上四大美女之一，她生前與唐明皇之間的愛情故事，以及安祿山之亂，被縊死在馬嵬坡之記載，爲後人編寫爲戲曲：前有洪昇之「長生殿」，近年台視、華視及大陸之電視台，均有楊貴妃之電視連續劇播映，廣播電台亦有楊貴妃之廣播劇播出，電影方面，不知拍過多少部，有關楊貴妃之歷史小說，版本之多，更難以計數，眞可謂傳誦千古、歷久不衰。

楊貴妃繪像

近日，細心考證其事蹟，有兩大新的發現，值得提出來，向關心楊貴妃之史家學者，作一週詳之陳述。

其一、楊貴妃生前未爲「壽王妃」。

其二、楊貴妃死未死在「馬嵬坡」。

現代社會上發現了一件新聞，在不同的

報紙上，即可能有不同的說法、不同的記載。其中「不同」之出入很大，甚至有二種、三種不同的「版本」，使人不知道，究竟那一種「版本」，較爲正確。

歷史上記載的史實，有些經過後人的考證，也發現不少的訛誤，是必須提出來，加以改正的，否則以訛傳訛，就顚倒了是非眞假。

楊貴妃生前曾在「壽王府」做過「宮人」，並未做過「壽王」的妃子，後人因爲有「新唐書」的錯誤記載，就一直傳下來，說她未册封前做過「壽王妃」，使唐明皇背上「公公扒灰」的罪名，眞是天大的冤枉。

其次，楊貴妃死在馬嵬坡，當時確是公認的事實，歷史上作過這樣的記載，並沒有錯，誰知她在緊要關頭甦醒復活後，化裝逃到了日本，當時這一秘聞，不像現在資訊這樣發達，所以很少人知道其中的「眞相」，如今有了實證，才被傳揚開來。

這兩項新的發現，頗有可信性，與趣味性，特分別闡述，以資澄清。

## 二

唐朝的歷史，有「舊唐書」與「新唐書」這兩種不同的版本。

這新、舊唐書兩種不同版本的「唐史」，孰優孰劣？過去讀史的人，咸認爲是仁者見仁、智者見智的事，難以軒輊。直到清乾隆年間編纂「四庫全書」時，負責校勘新舊唐書的大臣沈德潛等奏議曰：「二書之成，互有短長，新書語多辭澀，而義爲筆削，具有截斷。舊書辭近繁蕪，而首尾賅贍，敘次詳明，故應並行於世。」又說：「舊書以完善勝，故司馬氏做通鑑，往往取之，新書以識見勝，故朱子作綱目，往往取之。」

時至今日，經過史學家的深入探討，仔細比對結果，發現「新唐書」之錯誤甚多，雖有可取之處，但就現代史學上價值來看，「新唐書」實遠遜於「舊唐書」。

楊玉環未册封為貴妃以前，「新唐書」記載她曾為「壽王妃」，而「舊唐書」即未有是項記載。究竟那一本書的記載正確呢？

按壽王李瑁，是唐玄宗的第十八子，係武惠妃所生，若楊玉環先為壽王妃，等於先做了唐玄宗的媳婦，後來才做了他太太，這是公公霸佔媳婦，扒灰亂倫的醜事。

但事實上，並非如此，楊玉環並未做過「壽王妃」，只是在壽王府邸住過。

「新唐書」楊貴妃傳，原文如下：

玄宗貴妃楊氏，隋梁郡通守汪四世孫，徙籍蒲州，遂為永樂人。幼養叔父家。始為壽王妃。開元二十四年，武惠妃薨，後庭無當帝意者。或言妃姿質天挺，宜充掖庭，遂召禁內中，異之。即為自出妃意者，丐籍女官，號太眞。更為壽王聘韋昭訓女。……

「舊唐書」楊貴妃傳，原文如下：

玄宗楊貴妃，高祖令本金州刺史，父玄琰蜀州居户。妃幼孤，養於叔父河南士府曹玄璬。開元初，武惠妃特承寵遇，故王皇后廢黜。二十四年，妃薨，帝悼惜久之。後庭數千，無可意者。或奏玄琰女姿色冠代，宣蒙召見。時妃衣道士服，號曰太眞。既進見，玄宗大悅，不期歲，禮遇如惠妃……

何者正確？值得深入查證。

## 三

按大唐朝，自范陽之變起，國家多故，罕見太平。玄宗、德宗、僖宗、昭宗四帝先後播越，代宗朝也曾有過吐蕃入侵，長安淪陷數日。由於京師幾經浩劫，史館圖書文獻亡失殆盡，特別是自武宗以後六朝、起居注完全散失，根本沒有實錄，因此，自後唐開始，至宋初百年間，幾乎時時都在蒐集亡佚的唐代史料。

唐明皇李隆基像

當天寶之亂結束，肅宗還京，史官告以浩劫之餘，圖書文物遺失殆盡，無史籍可檢尋，當時修國史之給事中于休烈，曾上奏曰：「國史一百六卷（自高祖至睿宗），開元實錄四十七卷，起居注幷餘書三千六百八十二卷，並在興慶宮史館，京城陷賊後皆被焚燒。且國史、實錄、聖朝大典，修撰多，今並無本，伏望下御史台，推勘史館所由，令縣府招訪，有人別取得國史、實錄，如送官司，重加購買，若是史官取得，仍赦無罪，得一部，超表官資；得一卷，賞絹十匹。」然數月之內，唯得一、二卷而已，可見亡失嚴重之一斑。

「舊唐書」二百卷，據「四庫提要」云：係後晉劉昫奉敕撰，參予修撰者，尚有李崧、賈緯、張昭遠、趙熙、鄭受益、呂琦等人，其中李崧是宰相，僅是掛名而已。

「新唐書」，完成於後，自宋慶曆五年始，歷時十四年完成，參與修撰之「提舉官」，初爲賈昌朝，中經丁度、劉沆、王堯臣，以至曾公亮，共有五人，「刊修官」有歐陽修、宋祁二人。歐陽修有三個得力助手，他們的大名是修編官：呂夏卿、劉義叟、范鍚。宋祁之助手編修官，則有宋敏求、王疇二人。

「新唐書」中，列傳一百五十卷，則由宋祁、宋敏求、王疇三人分別撰寫。而以宋敏求所撰寫的最多。

「舊唐書」成書較早，修史者與唐朝接近，其憑藉的一些史料較少，但眞實可信性高；「新唐書」修史者與唐朝相隔了百年之久，無憑藉的史料，因有一些民間藏書的發現，傳聞雜記的充斥，故較多，但其質可信性低，關鍵即在民間藏書傳說，包含了不少道聽途說的無稽之談在內，一些撰修前代史或重編前代實錄的人，但憑斷簡殘篇的史料，不能不做無米之炊，爲了求全，不得不採用小說家言，或加上臆測杜撰之詞，以補綴其成篇。

「四庫提要」批評「舊唐書」說：「長慶以後事，劉昫等采雜記傳說，排纂成立，動乖條例」。

批評「新唐書」說：「史官紀錄，具載舊書，今必欲廣所未備，勢必蒐及小說，而至猥雜。」

「新五代史」賈緯傳稱：緯以自武宗以後，已無車錄，乃采自傳聞，為「唐年補錄」（五代會要稱「唐朝補遺錄」六十五卷）。

「宋史」呂夏卿傳也說，呂夏卿修「新唐書」中，均有采錄自傳聞及雜記之部分，唯在列傳方面，「新唐書」尤甚。因修撰「新唐書」列傳文字之編修官，大部分出自宋敏求之手筆。

宋敏求，字次道，趙州平棘人。他的父親宋綬，博通經史百家，幾次兼修國史（宋史），頗有遺著。敏求受他父親的影響，也愛好著述；尤其嗜好修史，家中藏書甚多，加上他勤於讀書，成為飽學之士。宋初的文士，多喜歡侈談唐事，喜歡補修唐代的殘闕文獻，敏求尤愛此道，先後撰有唐武宗、宣宗、懿宗、僖宗、昭宗、哀宗「六朝實錄」，共達一百四十三卷之多。

我們知道，唐自武宗以下，六朝起居注盡失，根本沒有實錄，只有裴庭誥憑其個人見聞，撰有「東觀奏記」，可供後人參考。宋敏求將此三卷書，擴充膨脹為一百四十三卷的「六朝實錄」，可見其採取了多少小說家言，加入了多少自己杜撰的文字。

宋敏求所撰「新唐書」中妃傳部分，有不少是采信了小說家言，清錢大昕著「二十二史考異」一書，就有關「肅宗章敬皇后吳氏」及「憲宗懿安皇后郭氏」之事蹟與史實不符，指出其謬誤，至於「武后傳」對武則天之荒淫記述，尤其離譜，因與楊貴妃無關，此處暫不贅述。

關於「新唐書」楊貴妃傳，記述其「始爲壽王妃」一節，完全是誤信了宋樂史所作之「楊太眞外傳」（小說）之記載。

按宋樂史，是宜黃人，字子正，太平興國（宋太宗年號）進士，好談神仙，尤嗜著述，所著以「太平寰宇記」最有名，他博釆中唐以後，以迄五代間，所有有關楊貴妃之種種傳說，加以編次，成「楊太眞外傳」二卷，距楊貴妃死去之年代，相隔已二百餘年矣。

現在，我把「舊唐書」「新唐書」及「楊太眞外傳」三書，完成之年代，以公元來記述其先後，大家就可明白究竟是怎麼一回事了。

「舊唐書」，後晉劉昫等撰，時在公元九三六年左右。

「楊太眞外傳」，宋樂史所撰，時在公元九七六年左右。

「新唐書」，宋歐陽修、宋祁撰，其中列傳部分爲宋敏求所撰，時在公元一〇六一年。

「楊貴妃始爲壽王妃」之記載，最早出於「楊太眞外傳」，故「舊唐書」未有是項記載，而「新唐書」在其後問世，因參考是書之記載，乃有同樣之誤傳。

## 四

現在，我進一步分析，何以「始爲壽王妃」是錯誤的傳述，茲以史實發生的先後，說明如下：

㈠楊貴妃被縊死在馬嵬坡，是在唐天寶十五年，公元七五九年，當時她是三十八歲，依此推算，她出生年月應是公元七一九年。

大唐詩人白居易撰「長恨歌」記述其一生之事蹟，是在唐元和元年冬，作於盩厔（在陝西省），是白居易初仕之所，公元是八〇六年，距楊貴妃死之年代僅五十年，詩中並未有說她「始爲壽王妃」。

與白居易同時之文人陳鴻，於白居易完成「長恨歌」後，曾作有「長恨歌傳」之文字，文中：「有詔高力士潛搜外宮，得弘農楊玄琰女於壽邸」，只是得女於「壽邸」，並不能確定她爲「壽王妃」。

後唐詩人李商隱，開成進士，時在公元八三六年至八三九年間，撰「碧城三首」：「武皇內傳分明在，莫道人間總不知」亦明白指出楊貴妃未歸壽邸。

及後詩人鄭嵎，是唐大中進士，時在公元八四七至八五九年間，其「津陽門詩」，亦未肯定，楊玉環曾爲「壽王妃」。

迄公元九三六年，「舊唐書」問世，亦未有「始爲壽王妃」之記載。

㈡再就楊貴妃之出生地，「梧州府志」之記載如下：

貴妃，姓楊，容州雲凌里人，小名玉環，早失父母，家貧，初孕十三月，生六日，異香滿室，胞衣如蓮花，三日目仍不開，母夢神人以手拭開，黑如點漆，抱日下不稍瞬，肌如玉，貌絕倫。後軍都督部署楊康見之，以財求爲女，能聽讀誦，漸長通語，楊康夫婦愛之甚。時長史楊玄琰攝行師，聞而求見，歸與妻曰：資質異常，吾女還不及。倍金以威脅康，仍求爲女。康夫婦亦從其請。女性敏悟，通音律經史。秩滿長安，選入壽王宮，年十四。明皇召入內，號曰太眞，大被寵遇，天寶冊爲貴妃。

上述文字中，僅有「選入壽王宮」，並非「始爲壽王妃」、且「年十四，明皇召入內」，可見，眞實的情況，是十四歲時，進入壽王宮邸中居住爲宮人，並非壽王妃也。此與陳鴻所記「得女於壽邸」相吻合。

宋樂史將種種傳記加以編次，完成「楊太眞外傳」，時在公元九七二年，他是最先說楊貴妃「始爲壽王妃」的，這以後「新唐書」也跟著「以訛傳訛」了。

我們可以認定，記載歷史，年代最接近，可信性大，年代相隔越遠，可信性越小，這應該是不會錯的。

㈢「新唐書」說「始爲壽王妃」後，清朝袁枚（與紀曉嵐齊名）就確定其爲錯誤的。朱彝尊著有「暴書亭集」卷五十五，也有文章駁斥宋樂史「楊太眞外傳」所記「先爲壽王妃」之誤。

另有張俞撰有「驪山記」，謂「妃以處子入宮，似得其實。」他寫的「書楊太眞外傳」一文中，這樣說：

宮闈之事，外人罕知，所見或異辭；矧出于傳聞者乎？『太眞外傳』，宋樂史所撰，稱妃以開元二十二年十一月歸於壽邸，二十八年十月，玄宗幸溫泉宮，使高力士取於壽邸，度爲女道士，住內太眞宮，此傳聞之謬也。

可見，指出楊貴妃「始爲壽王妃」之錯誤，並非我首創，在清朝即有很多人指出，但一般人未予以重視，不像我這樣，喜歡凡事追根究柢。

## 五

宋敏求除了參與「新唐書」的修撰外，並撰有「唐六朝實錄」一百四十三卷，已如上述。此外，他還撰寫了「朝貢錄」、「長安志」、「春明退朝錄」、「唐大詔令集」等書。是熟悉唐朝歷史的專家人物。現在，我特別要在此提出的是「唐大詔令集」這一部書。此書共一百三十卷，今傳世本收入一千七百二十六篇詔敕，若把所闕的二十三卷估計加入，當在二千篇以上。宋敏求在是集序上文記：初由其父綬手輯，他取而繼續之才完成。所謂「詔令」，是古時文體之一，上告下之詞，出自王宮曰詔，皇后太子曰令。

唐朝的正式史籍資料，因戰亂浩劫，喪失殆盡，已如上述，宋敏求憑藉其父是史官，家中藏書甚豐，博采民間藏書及傳聞、雜記、小說撰寫之列傳，已多有與史實不符，此一「唐大詔令集」書中二千篇以上的王宮詔敕，究竟有多少篇是眞品？是大有疑問的。

他既以根據宋樂史所撰的「楊太眞外傳」，寫成了「后妃傳」中「楊貴妃傳」，爲求配合，因此在「唐大詔令集」中，「冊壽王楊妃文」（卷四十）記載：「冊楊玉環爲壽王妃，是在開元二十三年（公元七三五年）十二月二十四日，度壽王妃楊氏爲女道士一敕，雖沒有年月，但同時「册壽王韋妃文」，則爲天寶四載（公元七四五年）七月二十六日。」

據清朱彝尊稱：「考之開元禮，皇太子納妃，將行納采，皇帝臨軒命使；降而親王，禮儀有殺（殺作減少解），命使則同。由納采而命名，而納吉，而納徵，然後親迎同牢（同牢作夫婦同食解），備禮動需卜日，無納采受册即歸壽邸之禮也。」顯見與唐代册妃儀式不合。

再者，明皇敕文：「壽王瑁妃楊氏，素以端毅，作嬪藩國，然屬榮貴，每在清修，屬太后忌辰，永懷追福，以茲求度，雅志難違，用敦弘道之風，特遂由衷之請，宜變爲女道士」。妃既由道院入宮，似與「壽邸」無關。

據上所述，所謂「唐大詔令」、「明皇敕文」，均爲宋敏求所杜撰，以祈與「后妃傳」所記符合相呼應，把傳奇故事正式化之用心，彰彰明矣。

近世學者李則芬教授進一步說明，若照上述所記錄：壽王於公元七三五年册妃楊玉環，再於七四五年册妃韋氏，則不啻與楊玉環做了十年夫妻，唐玄宗才將楊玉環命其先入道觀，後入宮，允壽王再娶韋氏爲妃，似乎太不近情理了。

當今楊家駱教授，於鼎文春盡翻印宋敏求新編：「唐大詔令集」時，寫了一篇前言，提出該集中蒐集的王宮（詔敕）是否可以信賴？幾經討論，其結論是：「總之，就全書而論，不失爲研究唐史的一部重要材料書，因爲它存在有上述的缺點，在使用其中的材料時，必須要謹慎選擇，並以有關類書史乘來比較對照。盡信書不如無書的老話，對這類史言，尤其要愼重又愼重。」

## 六

宋樂史所撰「楊太眞外傳」稱：「妃以開元二十二年十一月歸於壽邸，開元二十三年十二月二十四日冊爲壽王妃，二十八年十月玄宗幸溫泉宮，使高力士取於壽邸，度爲女道士，住內太眞宮。」

而宋敏求所撰「新唐書」后妃傳記載：「始爲壽王妃，開元二十四年，武惠妃薨，後庭無當帝意者，或言妃姿質天挺，宜充掖庭，遂召內禁中……」

二書之文字記載雖吻合，但仔細察之，頗有與事實不符之處：

㈠唐玄宗是於開元廿四年武惠妃死了以後，才欲物色接棒之女人，這才與楊玉環相識相愛，於開元廿五年冊封其爲楊貴妃，這與「舊唐書」所記相符，與「新唐書」所記亦相符，但與「楊太眞外傳」所記，到廿八年幸溫泉宮才由高力士取於壽邸，相差了三年之久，顯見「楊太眞外傳」所記有錯誤。

㈡再細查唐玄宗、壽王瑁、楊玉環三人之年齡，來比照，就可知「始爲壽王妃」之記，太荒唐可笑了。

唐玄宗生於公元六八五年，登基做皇帝在公元七一二年，時年二十八歲，迄開元二十四年（公元七二六年）武惠妃死，他是五十二歲。

壽王瑁是他第十八子，其生母即爲武惠妃，以「新唐書」壽王瑁傳記載，武惠妃得幸於開元元年（公元七一三年）先生二子一女，皆襁褓不育，壽王爲其第四胎所生，武惠妃第二胎所生之懷哀王，薨於開元八年二月，當時壽王尙在襁褓中。新唐書壽王瑁傳記述：開元十五年遙領益州大都督時，紀稱：「初，帝以永王當尙幼，詔不入謁。瑁七歲，請於諸兄拜謝，舞有儀矩，帝異之。」以上二項記載：開元八年壽王在襁褓中；開元十五年，壽王七歲來推斷，壽王應生於開元八年。（公元七二〇年）

壽王既生於開元八年（公元七二〇年）到開元二十三年，只有十五歲而已，尙未成年，做父親可能爲他立妃嗎？這似乎是不可能的。

再查楊玉環之年齡，她死於天寶十五年（公元七五六年）依新唐書記載，死時年三十八歲，當時唐玄宗已是七十二歲。以此推算玉環應出生於公元七一九年，亦開元五年，她要比壽王大三歲，武惠妃開元二十四年薨時，她正好是十九歲。開元二十三年更小一歲，柯能嫁給比她小三歲未成年的壽王嗎？……這當然有違常情。

反過來，到了天寶四年，亦即公元七四五年，壽王已二十五歲，再妃韋昭訓女，則爲較爲可信的。

陳鴻寫的「長恨歌傳」，其中說：「先是元獻皇后武淑妃皆有寵，相次即世，宮中雖良家子千數，無可悅目者，上心忽忽不樂，時每歲十月，駕幸華清宮……詔高力士潛搜外宮，得弘農楊玄琰女於壽邸，明年，冊爲貴妃，豐后服用……」除「武惠妃」誤寫爲「武淑妃」

外，其餘皆是可信的，楊玉環當年十九歲，是住在「壽邸」，但並非「壽王妃」。再依「梧州府志」記載：「琰秩滿歸長安，選入壽王宮，年十四，明皇召入內，號曰太眞，大被寵遇，天寶冊爲貴妃。」可知楊玉環是十四歲時被選入壽王宮，十八歲時，才被高力士潛搜出，送入大內，爲玄宗寵幸。

至於何以當時衣道士服，號太眞一節，補充說明如下：

唐朝道教最爲發達，自從高宗尊老聃爲玄元皇帝以來，歷代帝王群相尊崇，以老子之「道德經」爲聖經，以道教開科取士。

「上有所好，下必甚焉」。當時不但帝王卿相，文人學士迷信神仙，文人欲求功名，先上山學道，李商隱即是。而女子也被道家思潮所鼓勵，喜歡入道觀，做女道士。

唐朝的公主，每每修道不嫁，極可能是找不到合適匹配的對象。如唐玄宗的三個姐妹，金仙、玉眞、萬安三公主，就出家做了女道士。一些年青的宮人，也大半入道，據蘇雪林教授考證，宮人入道，有一種是爲帝王所強迫，是被動的；另一種是借出家入道爭取自由，是自動的。

自動入道，也有三種情況：一種是年老色衰，始終未承帝王恩寵；一種是長年孤寂，看破紅塵；最後一種是年輕的宮人，爲求自由，而入道，這樣可以出宮至民間去做法事，與文人雅士、一般平民接觸，進而可以還俗，追求幸福的婚姻。

楊貴妃當時請求入道，可能也是第三種原因。

按唐書文宗紀：「開成三年六月，出宮人四百八十人，送兩街寺觀安置」。可見當時宮人人數之多，而被寺觀安置，是很普遍的事。按開成三年，是公元八三八年，距開元廿五年（公元七三七年）楊貴妃册封時，相距已一百〇一年。

楊玉環雖入了「壽王宮邸」，做的是「宮人」，由宮人後入道觀，並未做「壽王妃」，是可以肯定的。

有人誤會白居易寫的「長恨歌」是爲了升官發財討好皇帝，不說李隆基（即唐玄宗）霸媳爲妻，是很寃枉的。因爲白居易當時確未聞有此一「傳說」，何從寫起。這是相隔二百年以後，宋樂史首先造出這一「謠言」，才使二人之愛情，蒙上不白之寃。

# 雲想衣裳花想容

## 一、

唐玄宗爲了避寒而前往溫泉宮（華清宮），是在冊立楊玉環爲貴妃以前就有的慣例。但在天寶四年（七四五年）冊立楊貴妃以後，外出旅遊的記錄尤爲顯著。我們從《新唐書》「玄宗紀」摘錄記事如下：

天寶四年　十月，上幸溫泉宮，十二月自溫泉宮還。
天寶五年　十月，上幸溫泉宮，十一月自溫泉宮還。
天寶六年　十月，上幸華清宮，十二月自華清宮還。
天寶七年　十月，上幸華清宮，十二月自華清宮還。
天寶八年　十月，上幸華清宮。
天寶九年　正月，自華清宮還，十月上幸華清宮，十二月自華清宮還。
天寶十年　十月，上幸華清宮。
天寶十一年　正月自華清宮還。十月，上幸華清宮，十二月自華清宮還。

天寶十二年 十月，上幸華清宮。

天寶十三年 正月，自華清宮還。十月，上幸華清宮。十二月，自華清宮還。

天寶十四年 十月，上幸華清宮。十一月，自華清宮還。

十四年像往年那樣，唐玄宗也前往華清宮。但在《新唐書》「玄宗紀」上十一月的部分，卻加入「安祿山反」一文。因此，那個月才會「自華清宮還」。這一年是玄宗最後一次前往華清宮，此後「玄宗紀」上就再也看不到「上幸華清宮」這類的文字。唐玄宗與楊貴妃愛情濃密的歲月不過才十多年，這段期間他們兩人究竟過得是什麼樣的生活呢？

《楊太眞外傳》曾經敘述唐玄宗冊立楊太眞爲貴妃的那一天，特演奏「霓裳羽衣曲」，來迎娶楊貴妃。

關於這首樂曲的由來，有兩種傳說：一是唐玄宗眺望位於河南省的仙山——女兒山，親自寫了一首詩，而將這首詩譜成「霓裳羽衣曲」。另一種傳說是，天寶之初，某年八月十五日的晚上，玄宗隨著一位道士前往月宮，看了仙女曼妙的歌舞，回宮後憑記憶，要樂師創作此曲調。

霓就是彩虹，「霓裳」就是「有彩虹般色彩的衣裳」，比喻爲仙女的衣裳。羽衣是用鳥的羽毛製成「薄而輕的衣服」。總之，「霓裳羽衣曲」是會使人對仙界、仙女充滿憧憬的樂曲。

這首曲調是經由西涼傳來的古印度婆羅門的演奏曲。在《楊太眞外傳》上也有記載：唐玄宗在見到楊貴妃時高興地指出，「自己如獲至寶」，因此特地做了「得寶子」這首歌曲。所以，唐玄宗非常珍惜楊貴妃，而把她當作寶貝或仙女來看待。

後來，有一次唐玄宗在宮中的木蘭殿，宴請諸王。那時正是木蘭花盛開的時期，但是那一天唐玄宗不知怎地卻鬱鬱寡歡。不久，酩酊大醉的楊貴妃不慌不忙地站了起來，隨著「霓裳羽衣曲」翩翩起舞，唐玄宗立即龍心大悅。在唐朝的李濬所著的《松窗雜錄》中有這樣的記載：

## 二、

開元年間，宮中的沈香亭前，牡丹花盛開。唐玄宗就說道：「我希望配合這種名花和貴妃，做一首新的「樂曲」。因此，就派遣侍者高力士前往李白的住處，當時李白正喝得醉醺醺，但他接獲聖旨，立即吟詠三首「清平調」，交由侍者帶回去。玄宗就將「清平調」讓樂師譜曲，命令當代第一歌手李龜年演唱。歌曲華麗，餘韻盎然。此時，楊貴妃將西涼的葡萄酒斟在玻璃七寶杯內，唐玄宗則親自吹奏玉笛，與這首歌曲相唱和。

**清平調**　李白

雲想衣裳花想容
春風扶欄露花濃
若非群玉山頭見

會向瑤臺月下逢

一枝濃艷露凝香
雲雨巫山枉斷腸
借問漢宮誰得似
可憐飛燕倚新妝

名花傾國兩相歡
長得君王帶笑看
解識春風無限恨
沈香亭北倚闌干

李白畫像

在第二首歌詞中，李白將楊貴妃比喻爲趙飛燕。後來玄宗的親信高力士告訴楊貴妃，「這種比喻大不敬」，因爲漢成帝爲了這名愛姬，而葬送一生。楊貴妃聽了高力士的讒言，就怨恨李白，據說這就是李白被趕出宮中的原因。這個故事還被添枝加葉地指出，原來前往李白住處的使者就是高力士，當時李白醉眼惺忪地強要高力士幫他脫鞋子，高力士因而懷恨在心，伺機報復。

姑且不論這段傳聞的眞假，李白不愧是天才，能夠在盛宴中即興地詠出此美詞麗句，著實令人感到佩服。同時，也鮮明地刻劃出唐玄宗與楊貴妃驕奢淫佚的宮廷中生活情況。

方才提到過，楊貴妃酩酊大醉地跳起「霓裳羽衣曲」，正有如「貴妃醉酒」這個題詞那般，關於楊貴妃喝醉酒，還有下述這樣的故事：

貴妃宿酒初消，肺多苦熱。凌晨獨遊後苑，傍於花樹，以手攀枝而吸花露，藉此露液以潤肺。

這一段摘錄於《開元天寶遺事》，題名爲「吸花露」，整段的意思是說，爲宿醉所苦的楊貴妃，早上步出庭院從樹枝摘下花朵吸取花露，潤肺之後，消除了想要嘔吐的感覺。

「醒酒草」也有如下的記載：

明皇與貴妃幸華清宮，因宿酒初醒，憑妃子之肩看木芍藥。皇上折一枝與妃子，互嗅其艷。帝曰：「萱草不惟令人忘憂，其花之香豔，尤宜醒酒。」

明皇指的就是唐玄宗，木芍藥就是牡丹，萱草就是「忘憂草」。內容是說唐玄宗和楊貴妃在華清宮的宮苑中酒醒過來，唐玄宗摟著楊貴妃的肩膀，嗅著牡丹花香，低聲說道：「人家說忘憂草可以使人忘記憂愁，但我覺得這朵花最能讓人忘掉醉意。」

我們看了唐玄宗說的這句話，會覺得他實在是蠻可愛的。但是，這段記載，卻也透露出，唐明皇和楊貴妃之間的火熱關係，不亞於陷入熱戀當中的十幾歲少男和少女。

在「蛛絲卜巧」有這麼一段記敘：

至七月七日夜，帝與貴妃遊宴於華清宮。時宮女之輩，陳瓜花酒饌，列庭中，求恩於牽牛織女星。又，各各捉蜘蛛於小盒中。至曉開盒，視蜘網之稀密，以候得巧，密者多巧，稀者少巧云。民間亦效之。

## 三、

七月七日的七夕夜，唐玄宗與楊貴妃一起來到華清宮舉行宴會，陳列著瓜果鮮花和美酒佳餚來祭拜天上的星星。那天晚上，宮女們將「蜘蛛」放入有蓋子的小盒中，看牠在清晨中結網的情況，來占卜盒子的主人女紅有沒有進步？宮女的心情一下子高興，一下子沮喪。另外，這個占卜也從宮中流行到民間，象徵著當時「世上太平無事」這種和平安樂的生活。

唐明皇和楊貴妃兩人，也曾經有過兩次感情上齟齬失和的情況。這是《舊唐書》的「后妃傳」所記載的事情，而非小說之類的傳說。

第一次是發生在西元七四六年（天寶五年）七月，這一天楊貴妃因爲與梅妃爭風吃醋，態度上對唐玄宗極爲不遜，玄宗非常生氣就命令高力士將她送回她哥哥楊銛的宅邸。那是早上發生的事情，但是到了中午，唐玄宗還是悶悶不樂，連飯都不吃。服侍皇上的侍從，如果無法讓唐玄宗稱心滿意的話，就會遭到鞭打的刑法。高力士想要窺知玄宗的心意，故意將楊貴妃在宮中的日常用品，用多輛馬車載運至楊貴妃的下榻處。唐玄宗見狀，就將御膳分一半，要高力士送去給楊貴妃。高力士從這一點看出唐玄宗已經後悔將楊貴妃趕出宮，當晚就跪在地上，請唐玄宗讓楊貴妃回宮，皇帝等待的就是這個請求，立即答應下來。這件事就如此地圓滿落幕。《資治通鑑》在這件事的末尾寫到，「翌日忽賜左右，自是恩遇日隆。」所謂「雨降地固」，指的就是這件事。玄宗的意志很薄弱，經常做出很多多情的行爲。

第二次是發生在西元七五〇年（天寶九年），吵架的原因《新唐書》和《舊唐書》全都沒有記載，只記載楊貴妃忤逆唐玄宗，所以被送至宮外的房舍。但是，「長恨歌傳」則有如下的說明：

那一年二月，楊貴妃任意把玄宗的哥哥寧王所珍藏的紫玉笛拿出來吹奏。詩人張祜曾經寫過一首詩來描述此情況：「梨花靜院無人見　閑把寧王玉笛吹」。玄宗因此知道楊貴妃對寧王無禮，而盛怒難遏。

楊國忠生怕事態惡化，就透過宦官向玄宗道歉。不久，就有使者從宮中前來，傳皇帝「原諒貴妃」的口喻。楊貴妃說，「我罪該萬死」，自己立即剪下一束頭髮，叫使者送去給唐玄宗。這件事情也就這樣告一段落。結局《新唐書》是這麼寫著，「帝見而駭惋，遽召入，禮遇如初。」「長恨歌傳」則有這樣的記載：「上大驚惋，遽就力士召以歸，自後愈嬖之。」

「駭惋」、「驚惋」意思都是指「驚駭悲傷」，而「嬖」則是「寵愛」的意思。

唐明皇與楊貴妃第一次爭吵，純粹是因爭風吃醋而引起的。而第二次就好像是感情不穩固的夫妻在吵架一樣。這兩次爭吵事件，都很快就獲得「圓滿」的結局，反而表現出兩人的感情之深，情愛之濃。

有一次，臣下進貢合歡樹的果實給唐玄宗。「合歡」意謂「相聚作樂」，因此夫妻睡在一起時所蓋的棉被稱爲「合歡被」，夫妻和合的藥，稱爲「合歡秘」。唐玄宗用手掌擺弄著合歡樹的果實，面向楊貴妃說道：

「朕與卿（即楊貴妃）固同一體，所以合歡也。」

接著，兩人並肩而坐，吃起合歡樹的果實。並且，要畫家將他們吃「合歡果」的情景畫下來，準備流傳後世。這雖是熱戀的記載，但整體來講，唐玄宗與楊貴妃十多年來的宮廷生活，都是這麼優雅和睦。兩人的情意格外地深厚，可謂是夫妻和合的典型。

楊氏一門全都享盡富貴榮華，有部分親屬還恃寵而驕，專橫跋扈。可是，楊貴妃自己卻絕口不談政治，也沒有要皇帝爲她大興土木，讓人民深受其苦。雖然用快馬從南方運來荔枝的奢侈享受，令人爲之側目。可是除此之外，在生活方面並沒有其他特別奢華的地方。她並沒有運用歷代后妃慣使的伎倆，逼走其他后妃，更何況是謀殺之類的殘酷行爲。雖然人們常說她與唐玄宗沈溺於「愛慾」之中，但也沒有像武則天那樣，將一些俊美的面首，召入宮內加以溺愛的醜聞。後來雖然謠傳楊貴妃與安祿山有過不正常的關係，但這全都是後代的人所杜撰出來的故事。總之，唐玄宗與楊貴妃之間，存在的只是「純潔的愛情」。

當時，身爲宮廷詩人的李白，爲唐玄宗做了十首「宮中行樂詞」來歌頌太平盛世。以下我們就來介紹其中的一首。

**宮中行樂詞**（其二）　李白

盧橘爲秦樹

蒲桃出漢宮
煙花宜落日
絲管醉春風
笛奏龍鳴水
簫吟鳳下空
君王多樂事
還與萬方同

「盧橘」指的就是橘子。「秦」是指長安一帶。「蒲桃」就是葡萄。「漢宮」原意爲漢朝的宮殿，這裡指的是唐玄宗的宮殿。「萬方」意謂萬國，指的是天下。開頭說道，橘子原本是異國的果實，但現在已經成爲本國的水果，在長安也能品嚐得到。葡萄也是西域傳來的水果，如今在宮殿的庭園中也看得到，這是用來歌頌國家勢力的擴展。接下來描寫的是，在紅霞滿天的傍晚，隨著春風傳來各式各樣的樂音，人們陶醉在音樂中的情景。最後，以天子和天下萬民同樂來作結，預祝唐明皇在位期間，能夠有一個太平盛世。

此時，唐明皇得意到了極點，「長安之春」代表著極盛的時期。

# 馬嵬坡縊殺後復活

一般的史書，都有記載：楊貴妃是死在馬嵬坡，但事實的眞相，並非如此。早幾十年，即有人提出，近年，更有人在日本山口縣看到「楊貴妃墓」，證實這位傾國傾城的美女，確是死在日本。

關於楊貴妃天寶十五年，隨唐玄宗避安祿山之亂，逃亡至四川途中，行至馬嵬驛，將士先誅殺了楊國忠，繼而又欲殺楊貴妃，否則有兵變之危，在萬般無奈之下，唐玄宗乃命高力士引貴妃於佛堂縊殺之，《新唐書》、《舊唐書》、《資治通鑑》均有此項記載：楊貴妃死在馬嵬坡。

「新唐書」記載此事之原文如下：

祿山反，以誅國忠爲名，且指言妃及諸姨罪，帝欲以皇太子撫軍，因禪位，諸楊大懼哭於庭。國忠入白妃，妃銜塊請死，帝意沮乃止。及西幸至馬嵬，陳玄禮等以天下計，誅國忠已死，不解。帝遣力士問故曰：禍本尚在。帝不得已，與妃訣，引而去縊路祠下，裹尸以紫茵，瘞道側，年三十八。

「舊唐書」記載此事之原文如下：

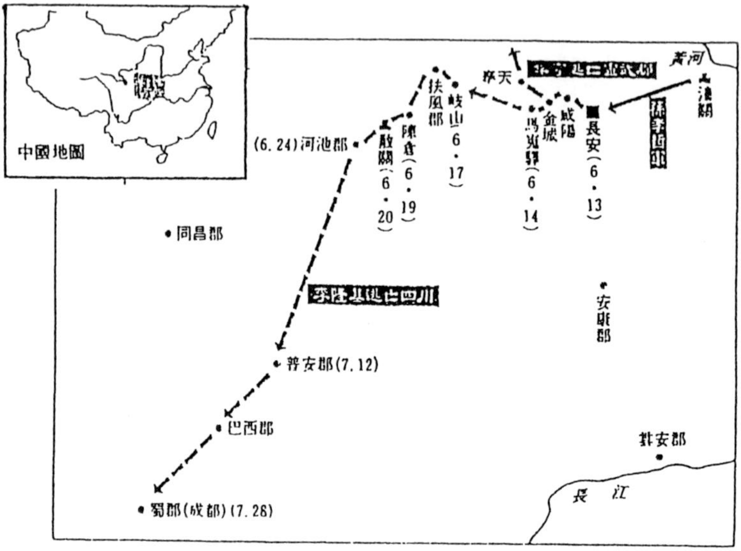


公元七五六年六月　李隆基逃亡四川圖

祿山叛露，檄數國忠之罪，河北盜起。玄宗以皇太子爲天下兵馬元帥監撫國事，國忠大懼，諸楊聚哭，貴妃銜土陳請，帝遂不行內禪。及潼關失守，從幸至馬嵬，禁軍大將陳玄禮，密啓太子誅國忠父子，既而四軍不散。玄宗遣力士宣問，對曰：「賊本尚在」，蓋指貴妃也。力士復奏，帝不獲己，與妃詔，縊死在佛堂，時年三十八。

「資治通鑑」記載此事之原文如下：

丙甲，至馬嵬驛，將士飢疲，皆憤怒，……上使高力士問之，玄禮對曰：「國忠謀反，貴妃不宜供奉，願陛下割恩正法。上曰：朕當自處之。入門倚仗傾首而立，久之。京兆司錄韋諤前言曰：「今衆怒難犯，安危在晷刻，願陛下速決」。因叩頭流血。上曰：「貴妃常居深宮，安知國忠謀反？」高力士曰：「貴妃誠無罪，然將士已殺國忠，而貴妃在陛下左右，豈敢自安，願陛下審思之，將士安，則陛下安矣。」上乃命力士引貴妃於佛堂縊殺之。輿尸寘驛庭，召玄禮等入視之，玄禮等乃免冑釋甲，頓首請罪。

楊貴妃被縊殺之原因，一般之看法，是由於朝野痛恨楊國忠，才及於她，但深入探討，還有更深一層的原因，那就是：楊貴妃是死於唐玄宗父子之間，在傳位問題上的矛盾。

據上引「新、舊唐書」原文之記載：可和當時安祿山反叛後，很快危及京城。唐玄宗收拾不了這局面，打算以皇太子李亨爲「天下兵馬元帥監撫國事」，「禪位」給皇太子。楊國忠聞訊大懼，預感到他們的寵遇、權勢，將會隨著唐玄宗的交權於皇太子，而很快喪失，想到此，一個個不寒而慄，乃相聚一處，抱頭痛哭。楊國忠不甘心就此失敗，便入宮見楊貴妃，陳說利害，慫恿她到玄宗面前哭訴。貴妃口銜土塊（意思大概是，若皇上不允所求，她便只得「入土」——去死了），請求玄宗放棄「禪位」的主意。貴妃的哭訴，果然有效。不言而喻，這當然積怨於皇太子。至馬嵬，陳玄禮發動兵變，誅戳楊國忠，並要求殺死楊貴妃，主使者不是別人，正是皇太子李亨（即後來的肅宗）。楊國忠爲了維護他的既得利益，不讓玄宗禪位給他，當然結下怨仇，皇太子遂利用將士之不滿情緒，殺了楊國忠及楊貴妃，由上面之引述，大家可以看得十分清楚。

以上，是正史的文字記載，但事實之眞相，楊貴妃是否當時眞的死了，頗有可疑之處。

當時在唐代，有三種不同的說法：

其一、是李益文詩云：「太眞血染馬蹄盡，朱閣影隨天際空。」似說是死於兵刃。

其二、劉禹錫詩云：「貴人飲金屑，倏忽蕣英暮。」似說是呑金自盡的。

其三、是陳鴻所寫的「長恨歌傳」中云：「蒼黃展轉，竟然絕於尺繩之下。」似是用繩子勒死的。

史書說楊貴妃被縊殺，當以繩子勒殺爲可信。因爲呑金不一定馬上就死，至於被刀刃殺死的是楊國忠，「資治通鑑」寫得很清楚，寫楊貴妃被縊殺於佛堂，在佛堂中應付一弱女子，不可能動用刀刃也。

民國初年，史學家兪平伯首先提出：楊貴妃並未死在馬嵬坡之說法，他主要的根據如下：

其一、陳鴻寫的「長恨歌傳」文中說：「夫希代之事，非遇出世之才潤色之，則與時湮沒，不聞於世。樂天深於詩，多於情者也，試爲歌之，如何？樂天因爲『長恨歌』。」楊貴妃死在馬嵬坡既載於史書，又何憂其「與時湮沒？」

其二、白居易的「長恨歌」中，寫至馬嵬而止。但從前半詩所述來看：「似馬嵬之事不足爲恨，而天人修阻爲可恨者；一般而言『生離』才堪稱『長恨』。」故貴妃當時並未死亡。

其三、白居易之「長恨歌」詩中有云：「馬嵬坡下泥土中，不見玉顏空死處」，馬嵬坡既找不到楊貴妃之屍，唐玄宗才有遣道士四處覓尋之舉。

其四、「長恨歌」，描述臨邛道士「上窮碧落下黃泉，兩處茫茫皆不見，忽聞海上有仙山，山在虛無飄緲間」，可證實楊貴妃仍有在人間之可能。

基於以上的說明，兪平伯認爲：當時，楊貴妃雖說賜死，但未必眞死，可能另覓替身蒙混過去，潛逃流落至民間，很可能當了女道士，也可能在民間隱姓埋名，終其一生。也有人說她可能當了娼妓，似乎不太可能。

但依據「長恨歌」的詩句來看，楊貴妃換裝隱逃，未死在馬嵬坡，頗有蛛絲馬跡可尋，關鍵在當時在場目擊其被縊殺者，僅高力士一人，而高力士對貴妃疼愛甚深，不忍見其死也，臨時命一侍女換穿貴妃之服飾，替代其死，也十分可能。再者，死後由禁軍龍武大將軍陳玄禮去親驗屍體，據查證陳玄禮是楊家的至親好友，「資治通鑑」原文記述「召玄禮入視之，玄禮等免冑釋甲，頓首請罪。」可見玄禮當時即使看出破綻，也可能睜一眼，閉一眼，應付過去。

再說死在驛館，又在逃亡之際，貴妃易裝自邊門逃逸，亦十分方便，不易爲人所察覺也。

## 二

楊貴妃被迫縊死在馬嵬坡是在天寶十五年（公元七五六年）六月十四日。七月太子李亨即接帝位，是爲肅宗。不久郭子儀收復長安，到了十一月被尊爲太上皇的唐玄宗，再經過馬嵬坡時，有意將楊貴妃之屍體挖出，隆重築墓改葬。「新唐書」有如下之記載，原文如下：

帝至自蜀道過其所，使祭之，且詔改葬，禮部侍郎李揆曰：「龍武將士以國忠負上速亂爲王下殺之，今葬妃，恐反仄自疑」。帝乃止，密遣中使者，具棺槨它葬焉。啓瘞，故香囊猶在，中人以獻帝，視之悽感流涕，命工貌妃於別殿，朝夕必爲梗欷。

「舊唐書」之記載，原文如下：

皇自蜀還，令中使祭奠，詔令改葬，禮部侍郎李揆曰：「龍武將士國忠，以其負國兆亂，今改葬故妃，恐將士疑懼，葬禮未可行。」乃止。上皇密令中使改葬於他所。初瘞時，以紫褥裹之肌膚已壞，而香囊仍在，內官以獻上皇視之悽惋，乃令圖其形於別殿，朝夕視之。

唐朝白居易「長恨歌」之詩句：「馬嵬坡下泥土中，不見玉顏空死處，君臣相顧盡霑衣，東望都門信馬歸」。證實未曾見有楊貴妃之屍體。

清朝康熙年間，劇作家洪昇編寫「長生殿」之戲曲，其中「改葬」一折，寫得更是清楚：原文摘錄如下：

掘下三尺，只有一個空穴，而不見娘娘玉體，……只有芬芳四散，襲人裙也囉，仔細一看，發現香囊。唐明皇還問高力士：「是否記錯了地方？」高力士回答：「奴婢當日，曾削楊樹半邊，題字爲記，如何得差？」明皇曰：「敢是被人發掘了？」高答：「若經發掘，怎得留下香囊？」玄宗呆想不語，百思不解。最後高力士說：「奴婢想來，自古神仙，多有尸解之事，或是娘娘尸解仙去，也未可知。」

這一段對白，可謂寫得相當傳神。

到了民國初年，也才有史學家兪平伯提出楊貴妃未死在馬嵬坡之說。

爲了這個問題，我曾向飽學的蘇雪林教授請教，她寫信答覆我說：「楊貴妃未死在馬嵬坡，前人多爲此說，以爲倉卒之間，使宮人代死而縱妃逃出。爲事甚易。殊不知君王專制時代，國法之森嚴，及其誠信無欺。六軍已殺楊國忠及其諸子，自不留楊妃在側，爲他日禍根，必廣佈邏守，嚴密監督，豈容楊妃出重圍，且陳玄禮出入宮庭，與楊妃亦爲素識，楊妃死後，高力士輿屍置庭前令玄禮辨別無誤，始稱萬歲，諭六軍勿再譁。可見楊妃之死，主動在陳玄禮，他豈肯令楊妃仍有活命而逃亡。」

但在信末，蘇教授卻又矛盾的說：「今我以爲奇者，馬嵬之變，楊妃縊死倉卒不得棺木，以紫褥裹屍埋之，其後明皇回鑾過馬嵬，具衣衾棺槨，爲楊妃改葬，竟不得其屍，僅香囊尙在，帝得之不勝悼痛。白居易長恨歌『馬嵬坡下泥土中，不見玉顏空死處』是也。楊妃屍究何往？謂發掘地點有誤，則香囊則何以在？……再方士海外覓其蹤跡，當時或有此事，並非請人隨口瞎謅，惟眞假難考」。

上引各項資料中，尙有疑點費解者，是當時果眞找宮女易裝代死，事隔五個月，再發掘葬處，應有替死者之骸骨，何以僅見香囊，未見骸骨，這該如何解釋。

爲求覓得一合理解釋，我翻查了不少有關「楊貴妃」的文字資料，最後，在大陸汕頭海洋音像總公司錄製的「楊貴妃外傳」四集錄影帶中，找到了答案，該電視劇片頭註明係根據南宮搏所寫「楊貴妃」一書所改編。

按南宮搏過去居住於香港，爲頗具盛名的歷史小說家，生前撰寫不少歷史小說，流傳後世，均有相當考證依據才落筆，年長一輩之知識份子均知之。

原來，當時楊貴妃確是被縊殺而死，死後由陳玄禮驗證，但在埋葬時，兵荒馬亂找不到棺木，最後只好以紫茵裹之，埋屍道側。

所謂以「紫茵」裹尸。紫者，紫色之衣服也，亦是唐朝貴官之服，按唐制，五品以上，姬可以穿紫色衣服，六七品者，穿綠色衣服也。茵者，車上之墊蓆也。可謂草草下葬。

但她命不該絕，忽又甦醒活了過來；而此時唐明皇及陳玄禮等軍士，均已離開馬嵬坡逃命去了。在這種情形下，料理她後事的宮女太監，誰再會下毒手，非置她於死地呢？當然協助她易裝逃亡去了，一邊以香囊虛應故事的埋葬了事，這樣才在後來改葬時，找不到她的屍體，也找不到替死者的骨骸最合理的解釋。

按古時執行死刑，男子多半斬首，女子多半縊死。

斬首，絕無復活之可能。縊死，是窒息而死，若執行者受賄或故意手下留情，很易有復活之可能。故古時行絞刑時，刑場有「三收三放」之規定。即縊繩收緊至受刑人斷氣後，放鬆片刻，視其是否有復甦之跡象，再收緊一次，放一次，如是者三次，始可確定受刑人已眞正的死亡，宣告行刑完畢，以杜防有詐死、假死、死後又復生之情事發生。

楊貴妃當時縊死，可能並未三收三放，且死後又未裝入棺木，有些人死後裝入棺木後才復甦活了過來，但棺木釘死不透氣，仍被悶死者，時有所聞，不足爲奇也。

楊貴妃當時未死在馬嵬坡這一件事，唐明皇並不知情，所以才會有回來時爲之改葬之念頭。及後，改葬時發現是一空墓，他不會像「長生殿」戲曲一樣，相信高力士說是「尸解仙去」的荒唐說法，他立即逼問眞相，我在大陸出版陳德來編著的「中國四大美女」一書中，找到下列一段文字：

「他（即唐明皇）打發人去馬嵬坡找當時處理後事的人，可是一個人也沒有找到。（大概即使找到，也不敢承認，怕惹禍上身）末了，碰巧在馬嵬坡一座古廟中的一個老道口中得知，楊貴妃在那次混亂的事變中，跑到東海嶗山去了。」

從這裡，我們可以相信，楊貴妃死後復活，先是躲在一附近之古廟中、然後才開始想逃亡，逃亡的路線是走水路向東行，抵達了山東。不向西行，是怕被陳玄禮發現也。

該書接著說：「爲了找到楊貴妃的下落，唐明皇召來他頂信任的兩個道士，張三丰和王旻。（按此是唐朝的張三丰，不是明朝的張三丰）名義是叫他倆到山東嶗山爲他煉長生不老之藥，暗地裡是爲他找尋楊貴妃的下落。

張三丰和王旻接了唐明皇的密旨，來到山東嶗山腳下，住在海邊女姑山山頂的太乙元君祠。他倆早出晚歸，四處尋找楊貴妃，一直找尋了一年零六個月，跑遍了嶗山的九宮八觀七十二座名庵，也沒有見到楊貴妃的影子。因交不了差，就回不了長安，這一來，把張三丰和王旻爲難得坐立不安，愁眉不展。

一天晚上，張三丰在太乙元君祠，忽然神機一動，編造出一套，回家向唐明皇交差的謊

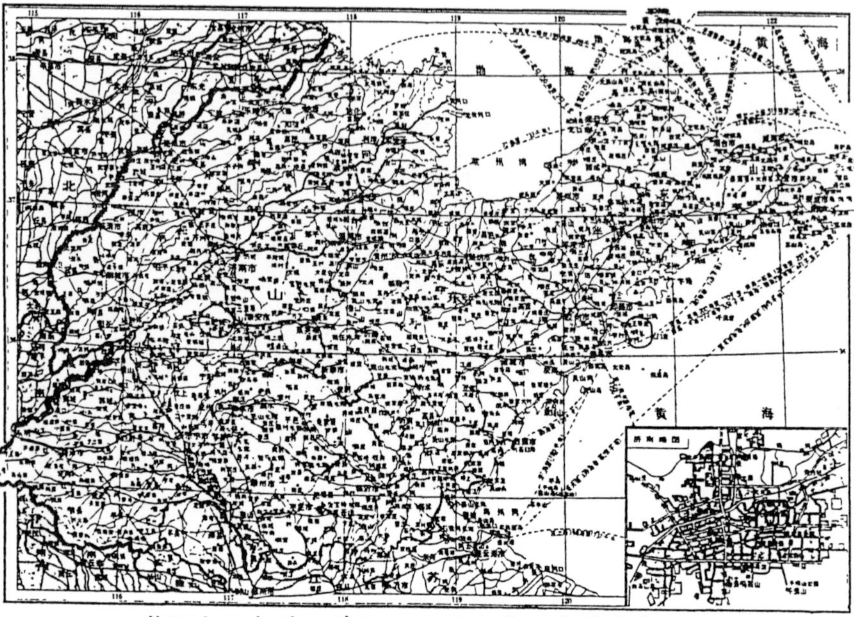

從山東地圖中可看出嶗山、肥城二地相距之距離

話。

二人回到長安，見了唐明皇，張三丰就誑說：「楊貴妃確在嶗山太乙元君祠中。」

「爲什麼不把她接回來呢？」

「貴妃說：她原本是太乙元君下凡，如今已經神歸正傳，不能再回來和您相聚了，要聖上多多保重！」

唐明皇聽後如遭雷殛，就跌倒在地，從那時起，一病就不起。

唐明皇雖臥病不起，還念念不忘楊貴妃對他的深情厚意，特地派人帶上錢財，到山東嶗山腳下西海邊的女姑山，修了那座建於西漢時期的太乙元君祠，並爲太乙元君祠的泥像鍍了金身。」

從上面這段文字，我們可以了解，楊貴妃很可能是從馬嵬坡的古廟中，逃亡到山東的嶗山，但是何以未有被張三手和王旻找到呢？

原來，她在山東是停留了一陣，但地點不在嶗山，而是在肥城附近，兩地距離甚遠，他們當然找不到，再說楊貴妃也可能在途中聽到朝廷有人追查她行踪的風聲，爲怕被追殺，她就取道運河南下，繼續逃亡。

楊貴妃離開山東，南下又逃亡到那裡去呢？

我在商務印書館出版由丁鳳麟、金維新主編的「中國歷史未解之謎」一書中：看到「楊貴妃的下落及其評價」一文，有下列的文字記載：

「楊妃由陳的親信護送南逃，行至現上海附近，揚帆出海，漂泊到了日本的「久谷町久津」等地。之後，唐玄宗曾命方士出海搜尋，至久津，向貴妃面呈佛像兩尊，貴妃亦以玉簪答之，但始終未能回歸故國，而在日本終其天年。」

此一傳說，日本民間言之鑿鑿，學術界雖有人認爲有此可能，但一般國人，受「新、舊唐書」、「資治通鑑」等史書記載之影響，均不予置信。且推想一千多年前之交通狀況，楊貴妃何能飄洋過海，遠逃至日本？似乎不太可能。再說「久谷町久津」（龍昭註：是「油谷町久津」之誤）究在何處？因未見其縣名，亦語焉不詳，故相信此說者不多。

民國八十年，我返大陸探親掃墓，意外的在中共的報紙上，讀到一篇留學日本的中國青年姜卓俊所寫的「日本有座楊貴妃墓」一文，文中記述他的日本老師山本先生的故鄉，就是「山口縣大津郡油谷町」久津，原來油谷町久津才是「楊貴妃墓」的所在地，在他的老師陪同下，曾親自去探訪過，關於該墓的情況，曾有詳細的描述。茲將原文轉錄如下：

## 日本有座楊貴妃墓

留日學生　姜卓俊

筆者在日本學習期間，從〈人民日報〉海外版上拜讀斯米先生所著〈楊貴妃有沒有亡命去日本〉一文，得知有一種說法是楊貴妃亡命於日本，葬於山口縣大津郡油谷町。我徒然產生了要去朝拜這一代名女墓的念頭。但由於學習緊張，路途較遠，不得如願。

一九八九年九月，我國（中共）駐日大使館參事官章金樹先生去「楊貴妃墓」上掃了墓，日本電視台、報紙都作了報導，這使我要去的慾望，更加強烈。

幸運的是，我的指導老師山本先生的故鄉是「大津郡油谷町」，在我歸國前，親自驅車帶我，冒著濛濛細雨去了二尊院。只見楊貴妃的墓坐落在風平浪靜、景色秀麗的日本海海灣一側無名的山丘上。這是一個規模不大的墓地，位於墓地的最前面，靠近大海處，即是楊貴妃的墓，其墓由亂石組成的十幾平方米的一個平台，墓上有五座石塔，被日本人稱做「五輪塔」，列爲國家保護文物區。一代名女，就在這鮮爲人知的偏僻海隅，朝著大海的方向，靜靜地長眠。沒有規模宏大的廟宇之類，也沒有墓碑之類的明顯標誌，只有墓前插著的幾束鮮花，說明曾有人來過。

只見墓前有兩塊年代較新的木板，一是關於「五輪塔」的說明，一是關於楊貴妃之墓的介紹，上面日文寫著：（此處譯成中文）

充滿著謎和浪漫色彩的楊貴妃之墓。關於唐（現中國）六代玄宗皇帝的愛妾楊貴妃的傳說。

玄宗皇帝，是在唐朝的政治和法制方面曾有作爲的名君，但是晚年溺愛於楊貴妃，把政權委於楊貴妃的家族楊國忠等人，不理朝政，因而造成社會動亂，發生了「安祿山之亂」，迫於認爲動亂的原因，是楊貴妃的存在的叛軍所逼，楊貴妃在馬嵬驛自殺。

但是，在二尊院的傳說中，在中國死去的楊貴妃，是替身侍女，眞正的楊貴妃，在皇帝親信的護送下，從海上乘船逃走，漂流到向津具半島的唐渡口，不久之後因病身亡，當地鄉人爲了哀悼她，將她葬在二尊院。

後來，楊貴妃託夢於唐玄宗，玄宗皇帝命人製作了「釋迦如來」和「阿彌陀如來」二佛，命陳安帶去日本，安置在楊貴妃漂流之地。因多方尋找，未能找到其地，暫將二尊佛像安置於京都的清涼寺而回國，之後，得知漂流身死的地點是大津，但是清涼寺則因二尊佛像的評價極高，愛不釋手，又製作了完全相同的二尊佛像，並將新舊佛像各一個分別安置在「京都」的清涼寺和二尊院。

以上是關於楊貴妃的傳說。楊貴妃是世界三大美人之一，據說朝拜她的墓後，可生得漂亮可愛之子。

楊貴妃究竟死於我國，還是亡命於日本，確實有待史學家去進行深入的研究。但不管這一傳說眞僞如何，日本當地政府及有關團體，已決定作爲一旅遊勝地進行開發。還計劃將山東省引去的名特產——「肥城桃」，即被日本稱做的「楊貴妃桃」，首先在大津郡栽種。也許將使這一傳說更加深刻化、眞實化。

我根據姜卓俊一文的記述，查對了日本的地圖，看到「山口縣」位於日本本州西端，一邊臨瀨戶內海，一邊臨日本海，境內多觀光勝地。如「秋吉台國立公園」裡的鐘乳石岩窟，「瀨戶內海國立公園」、「北長門海岸國立公園」、「岩國金帶橋」等，均頗有名，楊墓坐落於日本海灣灣口側的無名山坡上，其墓由亂石組成，面積約十幾平方米大，墓上有五座石塔，日本人稱之爲「五輪塔」，已列入國家保護文物區，可惜此間的各大旅行社，很少把它列入觀光的焦點所在，所以，一般來此之觀光客，很少有人到那兒去過。

據姜卓俊文中說：「楊貴妃墓」之附近，沒有規模宏大的廟宇之類，也沒有墓碑之類的明顯標誌，只有兩塊較新的木板：上面一塊寫的是關於「五輪塔」的說明，一塊是關於楊貴妃墓之說明。其文字中値得注意的是在「二尊院」的傳說中：在中國死去的楊貴妃是替身侍女，眞正的楊貴妃在皇帝親信的護送下，從海上乘船逃走，漂流到向津具半島的唐渡口，不久之後因病身亡，當地鄉人爲了哀悼她，將她葬在「二尊院」。

從日本地圖中，可見京都附近有「大津」山口縣亦有「大津」西北方有油谷町。

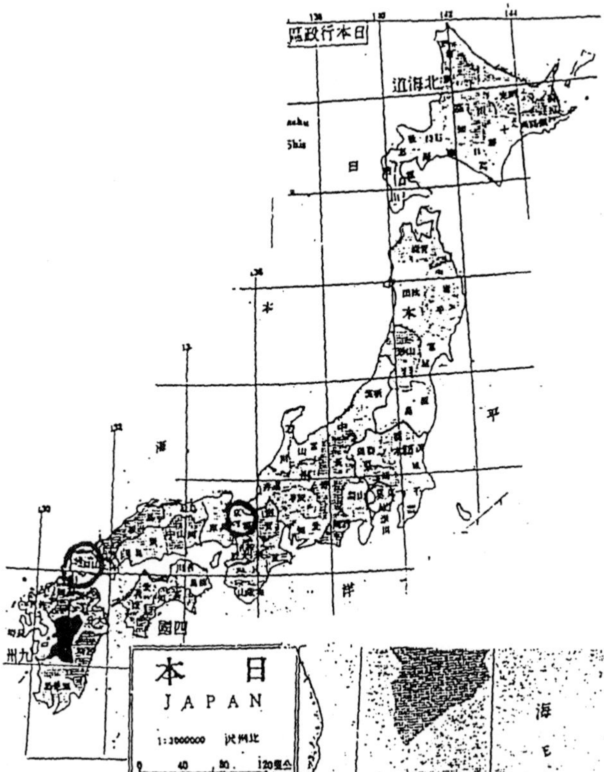


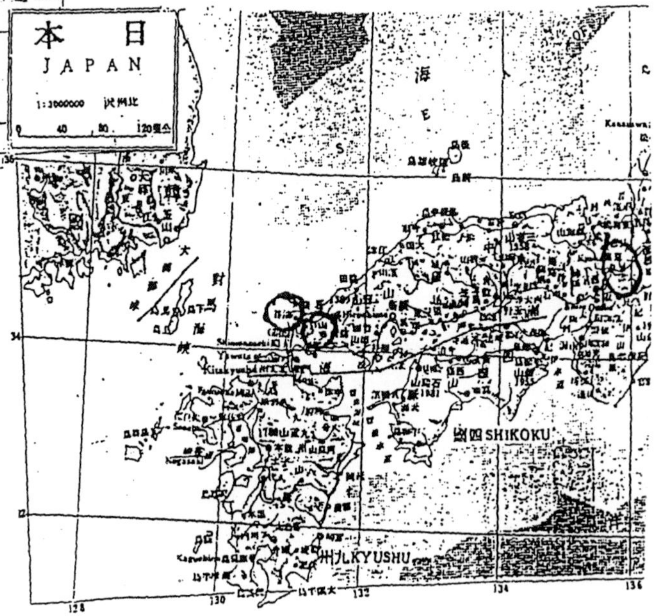

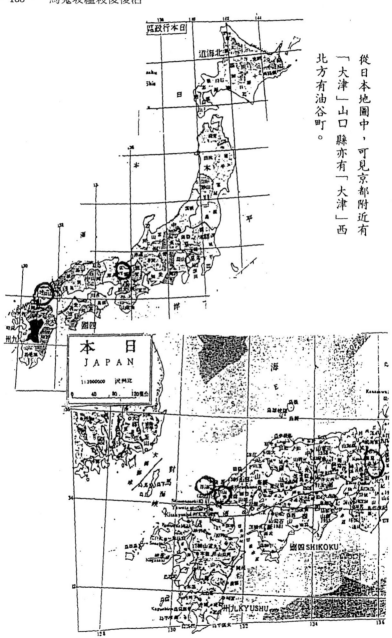

後來，楊貴妃託夢於唐玄宗，玄宗皇帝命人製作了「釋迦如來」和「阿彌陀如來」二佛，命陳安帶去日本安置在楊貴妃漂流之地。因多方尋找，未能找到墓地，暫將二尊佛像安置於京都的「清涼寺」而回國，之後得知漂流身死的地點是山口縣大津郡油谷町久津。但是「清涼寺」則因二尊佛像的評價極高，愛不釋手，又製作了完全相同的二尊佛像，並將新舊佛像各一個分別安置在京都的「清涼寺」和「二尊院」。

從日本地圖中，可見京都附近有「大津」，山口縣亦有「大津」，其西北方有油谷町。

上述之文字說明，與「二尊佛像」之實物，可證明楊貴妃確實未死在馬嵬坡，而是逃到了日本，此後，唐明皇亦清楚她在日本，只是當年資訊不像現在這樣發達，才有兩尊佛像帶到了日本，找不到地址，而被寄存於京都的「清涼寺」，我翻閱日本地圖知山口縣與京都，相隔確是有相當長的一段距離。

在地圖上，我們可以看到「京都」附近，確有「大津」一地名，唐明皇派去日本的陳安，那裡會知道，與京都相當遠的山口縣，也有一個「大津郡」，現在交通發達、通訊方便，與京都相當遠的山口縣，尋找較易，唐朝距今已一千二百多年，當然不易找到。再者地圖上山口縣之西北方，靠海邊確有一「油谷」之地名，楊貴妃是坐小船揚帆出海，停靠的是濱海的小地方，且她又隱姓埋名，就更不好找了。

再加上地名由「山口縣大津郡油谷町」誤傳爲「久谷町久津」要能找到，眞是難上加難了。好在二尊佛像仍在，這是最有力的物證，可證明唐明皇相信楊貴妃逃亡到了日本，只是派人去找，未找到而已。

我曾寫信至日本的山口縣大津郡油谷町五輪塔楊貴妃墓地的管理處，希望他們能否提供我一些其他的文字資料，結果信寄去後，如石沉大海，迄今，始終未收到回信，甚爲悵憾。

## 三

日本存有「楊貴妃墓」之事實，已概如上述，現在將座落於大陸陝西省興平縣馬嵬坡的「楊貴妃墓」，也向大家作一報導。有關大陸「楊貴妃墓」之照片，我在好幾本書上，都有看到過，有些還是彩色的，大陸攝製「楊貴妃外傳」的錄影帶片頭，就有它的畫面。但是文字方面的描述，則不多見。

八十年一月廿八日，新生報副刊發表了作家朱西寧旅遊大陸西域，曾親自拜訪過該墓，茲將其所寫「馬嵬坡上」一文中，部份文字摘錄如下：

「貴妃墓位于馬嵬坡山腰，拾級而上，門樓橫額『唐楊氏貴妃之墓』爲邵力子所書，並署明『中華民國二十五年』所建，是老早即加整修了。繞過當門的照壁，後面院落不大，正中即貴妃墓，白砂石砌饅頭狀，墓基水泥塑六角形。墓碑不大，碑帽淺鐫雙龍，『楊貴妃之墓』外無別碑文，現代機器打磨刻製，光可鑑人，又一俗艷。

越此院落，左右兩月門進去，短階登上又一臺地場子，兩面平房廊下遍刻嵌石刻詩文，不及一一細覽，大約有關詠嘆明星貴妃的詩文，應蒐集甚爲齊全罷，或僅屬唐闕史所云：『馬嵬佛寺楊貴妃縊所，遍後才人經過賦詩，以導幽怨者不可勝紀，莫不以翠翹香鈿，委于塵土，紅淒碧怨，令人傷感』的壁題。

過此二進院落的平房，復登高地，左右各置一平脊四角亭閣，尚未完工，直有疊床架屋的累贅之感。

單以貴妃縊所以弔之，也是人之常情，足矣！貴妃之墓本衣冠塚——」

朱西寧之文中，肯定這是一個「衣冠塚」，唐明皇都未有在此找到楊貴妃之屍體，我更相信，這是一個「衣冠塚」。

現在，我們不妨進一步來研究：白居易寫的「長恨歌」。

根據詩前附有陳鴻所寫的傳文記載，「長恨歌」寫成在唐元和元年冬十二月，亦即公元八〇六年，距楊貴妃之死已五十年，作於陝西省盩厔，在長安縣西與馬嵬坡甚近。時在白居易初任之年，當時，大家對於「天寶遺事」，均十分熟稔，白居易在他的「新樂府詩」云，其寫作之目的是：「爲君、爲臣、爲民、爲物、爲事而作，不爲父而作。」其用意，旨在諷勸君王戒色，其寫作的態度，完全是紀實的，即是根據事實才寫，並非憑想像，向壁虛構。

因此「長恨歌」詩中，「臨邛道士鴻都客，能以精誠致魂魄，爲感君王輾轉思，遂教方士殷勤覓，排雲馭氣奔如電，升天入地求之遍……忽聞海上有仙山，山在虛無縹緲間……」等句，亦皆有所本。

關於唐明皇自成都回京以後，請道士尋覓楊貴妃之事，陳鴻所寫「長恨歌傳」一文中，記述極詳，茲摘錄有關之部分如下：「……大駕還都，尊明皇爲太上皇，就養南宮，……每至春之日，冬之夜，池蓮夏開，宮槐秋落，梨園弟子玉琯發音，聞「霓裳羽衣」一聲，則天顏不怡。左右歔欷。三載一意，其念不衰，求之魂夢，杳不能得。適有道士自蜀來，知上皇心念楊妃如是。自言有李少君之術，明皇大喜，命致其神。方士乃竭其術以索之，不至，又能遊神馭氣，出天界，設地府以求之，不見。又旁求四虛上下，東極大海，跨蓬壺，（註：即蓬萊，左傳「海中三神山」之一，見「拾遺記」）見最高仙山，上多樓闕。西廂下有洞戶東向，闔其門，署曰「玉妃太眞院」。方士抽簪叩扉，有雙童女出應門。方士造次，未及言，而雙鬟復入。俄又有碧衣侍女又至，詰其所從。方士應稱唐天子使者，且致其命。碧衣云：「玉妃方寢，請少待之。」於是雲海沈沈，洞天日晚，瓊戶重闔，悄然無聲。方士屏息斂足，拱手門下。久之，而碧衣延入，且曰：「玉妃出」。見一人，冠金蓮，披紫綃，佩紅玉，曳鳳舄，左右侍者七八人。揖方士，問：「皇帝安否？」次問：「天寶十四年已還事。」言訖，憫默。指碧衣取金釵鈿合，各析其半，授使者，曰：「爲謝太上皇，謹獻是物，尋舊好也。」方士受辭與信，將行，色有不足。玉妃固徵其意，復前跪致詞：「請言當時一事，不爲他人聞者，驗於太上皇；不然恐鈿合金釵，負新垣平之詐也」。（註：新垣平爲人名，新垣是複姓）玉妃茫然退之，若有所思，徐而言曰：「昔天寶十載，侍輦避暑驪山宮。秋七月，牽牛郎、織女相見之夕，秦人風俗，是夜張錦繡，陳飲食，樹瓜果，焚香於庭，號爲乞巧，宮掖間尤尚之，夜殆半，休侍衛於東西廂，獨侍上，上凭肩而立，因仰天感牛女事，密相誓心，願世世爲夫婦，言畢，執手各嗚咽，此獨君王知之耳。」因自悲曰：「由此一念，又不得居此，復墜下界，且結後緣。或爲天，或爲人，決再相見，好合如舊。」因言：「太上皇亦不久人間，幸唯自安，無自苦耳。」使者還，奏太上皇，皇心震悼，日日不豫。某年，夏四月，南宮晏駕。（註：公元七六二年，唐玄宗崩殂，與眞實史事相符也。）

「長恨歌」後面所寫「七月七日長生殿……在天願作比翼鳥，在地願爲連理枝」等詩句，皆依方士所見事實所寫，殆無疑問也。

現在，我們就上述之原始文字，來細加分析，可證實楊貴妃當年確未死在馬嵬坡，而是逃亡後死在日本的。

其一，根據史書記載：楊貴妃在馬嵬坡被縊死，是在天寶十五年，亦即公元七五六年，唐明皇返京欲改葬，未見其屍體，後做太上皇，在南宮就養，是在公元七五七年，仍思念貴妃不已。「三載一意，其念不衰」才找道士尋其芳魂，過了三年，應在公元七六〇年。距其逃亡之時間，是四年，而日本方面的傳說是她逃到日本不久即因病而世，逃亡至日本的時間約在二至三年間，方士才能在天上，找到她的魂魄，方士向之告別時，她還透露天機說：「太上皇亦不久人間」，越二年，公元七六二年，唐玄宗果眞病逝，這絕不是巧合也。

其二，楊貴妃在馬嵬坡縊死時，以「紫茵」埋葬，她在日本病死時，可能也是穿紫色衣服，故道士在天上見她時，穿的「是紫絹」。

其三，方士見楊妃後，她先問皇帝安否，次問天寶十四年後的事，與常情吻合，其後又取金鈿釵合，各析其半，授使者，是欲取信於太上皇，最後，更提出一件天寶十年間，她與太上皇，僅兩人在一起時「乞巧」之密語告方士，以取信於太上皇，可見，方士他確已見到了楊貴妃芳魂。

查唐明皇所找的那位道士，能上天下地去找已死去之人的靈魂，與之相見溝通，早幾十年，大家都可能認爲是迷信，那時出版的「辭海」，也無「靈媒」這個名詞，對於一些「扶乩」、「問卜」之事，均認爲是無稽之談。現今仍有不少人，如此認定，對於「道士」、「巫婆」與死靈、神明相溝通之舉，咸視作誑言，欺人之說。

事實上，「巫先」、「巫咸」早在黃帝時，即已有之，漢武帝夫人死後，悶悶不樂，請了一位齊人，名少翁的方士，將李夫人的芳魂，召來玉泉宮，用夜燈張帷，使與漢武帝遙望，史書亦有記載。查是時在公元前一百多年。而唐明皇命臨邛道士召楊貴妃之芳魂，是在公元七六〇年，已相隔八九百年。記得四十年前，我看了一部黑澤明導演的日本片：「羅生門」，其中有一段情節，就是用巫婆，將死者之靈魂附在她身上，說出被殺前的情景，該片曾獲奧斯卡金像獎，四十年前，大家對於「靈魂學」尙少研究，覺得不足採信，近爲楊貴妃之事，我查出「羅生門」的影片，是根據日本文豪芥川龍之介的原作小說改編，而芥川龍之介是根據公元九世紀時日本的一個古老傳說，才寫出這篇小說，而唐明皇請方士爲楊貴妃招魂，是在公元七世紀。再查日本的歷史，唐朝佛教傳入日本，也在七世紀之間，因此可證實，在當時，唐朝請方士招魂，也就是由「靈媒」，來尋找已死者的靈魂溝通，應該是可以相信的，而並非是迷信。

民國七十九年，台北上映一部全美賣座的冠軍影片：「第六感生死戀」原名(GHOST)，直譯也就是「鬼魂」，片中有一黑人女演員(Whaapi Goldberg)配角，演的也就是「靈媒」的角色，新聞報導說，她因演出該片於一九九〇年獲奧斯卡最佳女配角獎。

所謂「靈媒」，也就是一種具有超感應能力的人，他可以運用此一異常之能力，與死靈與神靈相溝通，而這種異能，是一般平常人所做不到的。

近年來，科學發達，研究「靈異學」者甚多，在美國他們運用科學的儀器及實驗的方法，證實人的軀體內確有「靈魂」之存在，而死去後，靈魂有時也常漂浮在多元化的空間，時隱時現。

四十年前，日本片「羅生門」中有「巫婆」，四十年後美國片「第六感生死戀」中有「靈媒」，我們既可以接受它們，爲什麼對唐明皇因思念未死的楊貴妃，究竟流落於何方，請臨邛道士上天下地覓芳蹤這件事，還有所懷疑呢？

根據以上的說明，楊貴妃未死在馬嵬坡，確死在日本的山口縣，應該是可信的。

## 四

按楊貴妃被縊殺之「馬嵬坡」，古時叫「馬嵬驛」，現在則叫「馬嵬鎮」，是在陝西省興平縣廿五里的地方，爲確定楊貴妃可能被人護送逃亡至日本的可能，我翻查地圖，該處附近有一條渭河，甚爲接近，渭河源自甘肅省渭源縣西的鳥鼠山，向東南流經陝西省，至高陵縣，與涇水會合，再東流至朝色縣，再合洛水，經風陵渡注入黃河，一直流至山東出海，楊貴妃若是從水路逃亡的話，可能就是走這一條路線。

但是，從興平縣，向南行走，與漢水亦很近，若是在漢水搭船南下，不久就進入關中平原，由漢水直至漢口，與長江會合，順長江流域，至江蘇省揚州，再由揚州搭船去日本，也是很有可能的。

楊貴妃究竟走的那條路線逃亡呢？我思索了很久，難以下定論。

後來，在姜卓俊所寫的「日本有座楊貴妃墓」一文中，看到有下面的一段文字：

「日本當局決定該處，作爲一旅遊地進行開發，還計劃將從山東引去的名特產——『肥城桃』，即被日本稱做『楊貴妃桃』，首先在大津郡栽種，將使此一傳說更加深刻化、眞實化。」

按「肥城」，在山東歷城縣西南，漢朝時置肥成縣，後魏改成爲城，清屬泰安府，縣境以產桃聞名，俗稱「肥桃」。

再翻閱山東省地圖，黃河出口，有流經「肥城」，日本人何以要把「肥城桃」，稱爲「楊貴妃桃」，楊貴妃以啖荔枝聞名，很少文字述及她喜愛吃桃，且長安距歷城甚遙，何以會使日本人，要大量栽植「肥城桃」，我猜想很可能楊貴妃順著黃河水路逃亡時，一定在山東歷城附近之「肥城」，停留過一段日子，吃過該城的「肥桃」，保存了桃核，到了日本，還栽種了桃樹。所以才促使日本人要栽種此種桃子，以此來推想臆測，楊貴妃大概是先由黃河到山東，原來並未想去流亡海外，但可能聽到張三丰、王旻奉了密旨，在追尋她的下落，她以爲是肅宗李亨下的密旨，不知是唐明皇下的宗旨，心驚肉跳怕被抓到，又將再被處死，乃急忙束裝南下。我查了地圖，極可能由運河水路，進入江蘇省，再由楊州漂流到日本去的。

（本節文字一部分八十年五月先發表於立報，另一部分於八十一年發表於台灣日報，及後不斷補充修正，於八十二年四月十二日完成定稿，由輔仁大學於八十二年六月「輔仁學誌」刊出。如今回顧看來，與眞實情形，有不少出入，希望讀者接續向下看。）

# 逃亡去日本的路線

## 一

民國八十二年，我蒐集了不少有關楊貴妃的史料及資訊，完成了一篇：「考證楊貴妃二項新發現」，（即前二文）文中主要述說，楊貴妃生前未爲壽王妃，死未死在馬嵬坡，於八十二年六月發表於輔仁大學文學院出版的「輔仁學誌」上。

如今事隔八年，我找出該稿仔細的核看了一遍，發現其中有些地方需要加以修正與補充的，乃又接續化了不少功夫，寫成本文補述，因爲我又找到了不少新的資料，不加補述，似乎不夠完整。

主要是我好不容易找到了一本日本人渡邊龍策編撰的「楊貴妃復活秘史」中譯本，此書於七十三年二月在台出版，譯者爲閻肅，現已絕版，書中對楊貴妃復活後，逃亡至日本之經過敘述甚詳，而我於前文中，部份爲推測之詞，我曾計劃於民國八十三年去日本親自造訪該地之「楊貴妃墓」，後因找不到精通日語的同行者，乃告作罷，因我不諳日語也。

民國八十五年三月八日，新生報刊出「楊貴妃死因有新解」的新聞，述說大陸四川聯合大學教授馮漢鏞針對四川省營山縣境內大蓬山所發現的一塊唐朝「安祿山史實石刻」，對楊貴妃的死，提出新的看法。加上過去史學家兪平伯於民國十八年發表於「小說月報」第廿卷第二期上，一篇「長恨歌及長恨歌傳的傳疑」的文章，說當年楊貴妃並未眞死，而是流落民間，當了女道士的觀點，馮漢鏞教授因發現「安祿山史實石刻」，說楊貴妃復甦後，即藏身於四川營山的大蓬山。

當然，這只是馮教授的片面觀點，爲明眞相，我又像傻子似的繼續查考究竟，發現此間於八十四年間，出版了一本譚甄適編著的「楊貴妃新傳」，有一些新的說法，引起我寫補述本文的動機。

## 二

首先，我要說的是楊貴妃復甦後，她逃亡的路線，並未如我前文所述去到山東的肥城。陪伴貴妃一起逃亡的，有宮女：文郁、意兒、靜子、阿芳等四人，還有一名舞孃謝阿蠻，其中，阿蠻是貴妃得意的宮廷舞孃，也是貴妃最貼心的女伴，什麼事都先找阿蠻商量，逃亡途中，他們都躲在農舍，由阿蠻出外採購食物，並探聽消息。

這一天，阿蠻在路上巧遇了宮廷樂師馬仙期，她叫他馬老師，因也是貴妃熟識的，就結伴同行，貴妃這時，還想回去追隨唐明皇，但爲馬仙期、阿蠻等勸阻，爲了安全起見，他們打消去蜀，但何處安全？可以容身？謝阿蠻想起襄陽，她有個舅舅可以去他那兒，暫且避一下，衆人無異議，乃轉往湖北省的襄陽，該地西臨漢水，是水上交通要道，她們流浪了半個多月，抵達襄陽，誰知阿鑾的舅舅，早就搬了家，那該到何處去安身呢？大家商量了很久，最後馬仙期說，他有個結拜弟兄，在揚州，不妨去找他。於是，他們買了一艘船，下渭水，先停泊在江夏，然後進入武漢，決定沿著長江，向東行進，最後，抵達了一個很熱鬧的城市——揚州。

一路上爲避入耳目，貴妃要宮女們不再叫她娘娘，她扮作道士模樣，以姐妹相稱，而她要馬仙期與阿鑾二人假扮作夫婦，可以令人不啓疑竇，而阿鑾與仙期，途中也眞的熱戀起來，成了眞的夫妻。

航行途中，阿鑾常苦中作樂，因樂師馬仙期會胡琴伴奏，翩翩起舞，給貴妃解悶。

在揚州停留期間，貴妃覺得老是在船上生活，終非長久之計，乃找了一所不太豪華的莊院，買了，略加整修，定居下來，因貴妃有女道士的證明文件，不怕有人來尋根究柢。這時已是冬天，但揚州市仍是十分熱鬧，他們四下打聽消息，知道太子李亨早已接任了皇位，而安祿山卻被他的兒子安慶緒所殺。

這一日，馬仙期在路上巧遇了一位他相識的徐夫人。

徐夫人是楊國忠長子楊喧的二夫人，那時楊國忠父子被殺後，徐夫人卻逃了出來，徐夫人見了馬仙期，就將之引入自己的住處，細說彼此逃亡的情景。馬仙期發現徐夫人住的地方，竟是日本國遺唐使臣的府邸，他奇怪：怎麼徐夫人會和日本人住在一起呢？

原來，唐朝年間，日本人為仰慕大唐文化，從公元六三〇年起至八九四年間，前後任命過十九次「遣唐使節團」，來華學習大唐政治、文化、宗教等各方面的制度及智識，遣唐使節團內包括大使、副使、以及留學生、學問僧等，各種技術人員，是多方面選出的菁英，學成後，好返國貢獻其所學到的。

徐夫人所遇的遣唐使節團內的藤原刷雄，是副使，他的哥哥藤原清河才是正使，因常見謁楊國忠，乃與之相識，如今，徐夫人有難，就表示可以暫住其府邸，等他們使節團要返國時，可攜之一同去日本。

這是一條新的出路，馬仙期返來告訴阿蠻，阿蠻先見了徐夫人，進而介紹她與貴妃晤面。徐夫人分析當時的處境，建議貴妃不妨也同去日本與她作伴，但離鄉背井到日本去，貴妃猶豫難決。

藤原刷雄因見過唐玄宗，所以也認識楊貴妃，他竭力慫恿貴妃去日本，他願盡量保護其路途上的安全。

公元七五六年冬，貴妃幾經多方掙扎與考慮，決定隨徐夫人、藤原刷雄等人去日本，隨同前去的尚有使女文郁、靜子、文郁、阿芳等四人，謝阿蠻與馬仙期二人因未有被追殺的危險，故並未隨行，他倆送貴妃上大船後，決定留在揚州，待來日再去四川找太上皇，將貴妃去日本的消息告知聖上。

楊貴妃去日本的遣唐使航路圖如後頁：

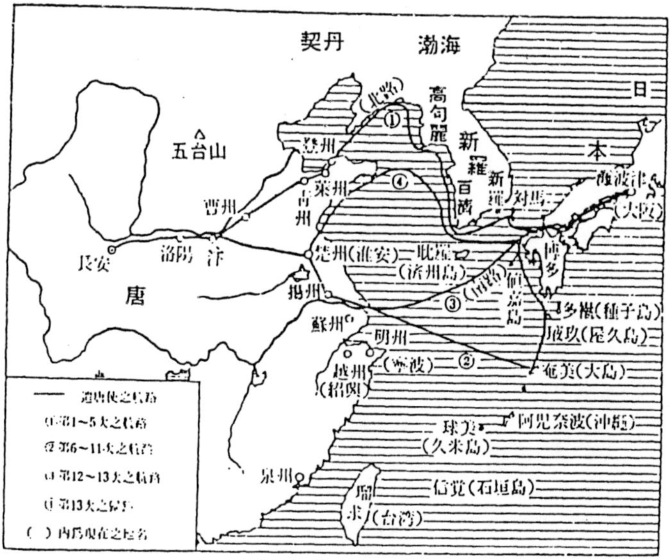


遣唐使航路圖

我判斷不是②，就是③，中間經値嘉島至博多。最後，貴妃死在山口縣大津郡油谷町久津。因那兒有一油谷海灣。

她抵日本時，正巧是日本內亂時期，所以亦未受日人注意，因之其後她香消玉殞之確切日期，令人難以考證。

## 三

在日本，有兩座楊貴妃的墓。一在山口縣荻町的長壽寺內。另一則在山口縣大津郡油谷町。

我判斷在大津郡油谷町的墓，是楊貴妃的墓。而在荻町長壽寺內的，是徐夫人的墓，因爲徐夫人是楊貴妃她們對她的稱呼，事實上，她是楊國忠長子楊暄的二夫人，別人以她丈夫姓楊，故亦稱之爲楊夫人。

民國五十二年，亦公元一九六三年，有一位日本少女，在日本電視上出現，自稱是楊貴

油谷町五輪塔楊貴妃墓

楊貴妃石像

妃的後裔，還展現一些文件作證。在日本引起不小的轟動。按說楊貴妃未再嫁，怎麼可能有後裔，我想，這一定也是那位徐夫人的後裔才對，因徐夫人丈夫雖已死去，但她去日本時，是帶了兒子，名叫楊歡當時八歲同行的，該少女定是楊歡後代的子孫。

民國八十年時，台視、華視，還有大陸的電視台，爭相推出楊貴妃的電視連續劇，廣東汕頭，有一家海洋公司，還依據「楊貴妃外傳」拍攝了錄影帶，其中楊貴妃死後復活、逃亡之情節，均有拍攝，唯楊貴妃在日本墓地旳鏡頭，卻付闕如。

那一陣熱潮過後，大陸美術學院雕塑家還刻了一座與楊貴妃本人同樣大小的石像送去，此像現矗立在油谷町之墓園內。

此外，因長恨歌中提及賜浴「華清池」，墓園中也模仿造了「華清池」，使該地成為一觀光之景點，過去，去該地的觀光客，一年只有兩萬人，現在據觀光局，表示每個月去該地觀光的旅客，就有一萬多。

（民國九十年十月九日修正完稿。）

# 遣唐使協助成行

楊貴妃被縊殺後，又復活甦醒過來，由舞孃謝阿蠻及四名宮女陪同，一起逃亡，在「逃亡去日本的路線」一文中已有敘述過，但一般學者，仍有懷疑，大陸四川大學的馮漢鏞教授在他寫的「楊貴妃馬嵬還魂之謎」一文中說：

「東渡日本一說，更不能成立。以釋鑑眞爲例，他在教徒——包括嶺南採訪使劉臣麟的幫助下，五次東渡，均未成功，最後還是靠乘日本使船才抵達的。而返國使船中，尚有一艘被風漂到南海，足見當時海上交通之難。因此，楊妃要想偷渡，談何容易？故日本的楊妃墓，當然是假的。」

因我日前腳踏實地去了日本，造訪了二尊院的貴妃墓，這裡，我再將此中經過情形，向大家細說一遍。

貴妃復活後，謝阿蠻及四名宮女，決定隨之一同逃亡。但天下雖大，何處才是她們容身之地呢？貴妃一直深居宮中，也不知該逃往何處去？

經過一番商量，阿蠻表示，她有一個舅舅，在老家襄陽，爲人忠厚正直，不妨先去襄陽，在那兒可以落腳，暫且避一下，再作打算，當時無人反對，所以第一站是先到湖北省的襄陽，誰知到了襄陽，按址前往尋找，才知道阿蠻舅舅，早兩年已遷居他方，下落不明。

後來途中巧遇見了宮廷樂師馬仙期。他說，他有個結拜弟兄劉經邦，住在揚州，是個誠實可靠的讀書人，他可以信得過，這一群人，才決定走水路，買了條船，下渭水，進入武漢，沿著長江，向東行進，抵達了揚州。

馬仙期在揚州遇見了結拜兄弟劉經邦，他熱誠招待，安排在他住的鄉間小屋先行居住。後來，貴妃又在揚州買下一座莊院，略加整修，才安居下來。

這時太子李亨，已於七月九日抵達靈武，十三日登基，接任皇位，是謂肅宗，將天寶十五年七月起改爲至德元年，唐玄宗被尊爲「太上皇」，失去了權力與帝位。

李隆基不甘心失敗，還未抵達成都，就急急忙忙大封諸王子。到各地去掌控軍政大權。李隆基共有卅個兒子、廿九個女兒。李亨是他的三子。他的十六子永王李璘，被封爲四道衛度使，兼江陵大都督，盛王李琦被封爲廣陵大都督，豐王李珙被封爲威武大都督。

其中，永王接受了父皇的命令，在江陵招兵買馬，廣積錢糧，準備東下金陵，北取河南，與新皇帝肅宗分庭抗禮。而其他：盛王、豐王，鑒父皇大勢已去，都不敢貿然赴任。

至德二年正月，揚州已被戰爭的陰影所籠罩。永王李璘的水、陸兩路大軍，來勢洶洶地往東殺來，直達揚州的對岸。新皇帝肅宗乃調兵遣將，向之進行討伐，兄弟倆的軍隊，眞刀眞槍拚鬥廝殺起來。

揚州城內外崗哨密佈。

巡邏隊、巡邏船隻往來穿梭，廿四橋的熱鬧影像，頓時無影無蹤，貴妃等人雖住在揚州，但提心吊膽，唯恐官兵闖進屋來搜查，那就凶多吉少。暗中盼望李璘獲勝。

而李璘孤掌難鳴，在實力懸殊的較量中，敗下陣來，二月間，在潰敗中，被俘。肅宗李亨不顧手足兄弟之情，立即把他給殺了。

貴妃聽到永王被殺噩耗，益形緊張起來，覺得揚州也不可久留。

這一日，先是馬仙期在路上巧遇了楊國忠的長媳徐夫人，由徐夫人介紹，使貴妃認識了日本遣唐使的副使藤原刷雄。

按日本派「遣唐使節團」來唐朝學習大唐政治、文化等各方面的制度及智識，從公元六三〇年起至公元八九四年止，前文曾說是十九次，實際上，正式國使者，只有十三次。主要原因，是船隻在海上航行，十分驚險，稍有不慎，遇上風浪，就會失事、漂流至他處。

馮漢鏞教授所提及之釋鑑眞和尚，俗姓淳于，是揚州江陽縣人。

遠在公元七四二年（天寶一年）日本人就派人請他東渡去日本弘揚佛法，結果，七四三年四月，因渡海計劃洩漏於官府，第一次失敗。同年十二月，第二次渡海，鑑眞和隨行者百餘人，在船從揚州到狼溝浦之間，因海上風浪洶湧，而作罷。船行到舟山群島前進時觸礁。幸遇明州太守的官船相救才脫險。

第三次東渡，因越州僧告密失敗。七四四年冬，由明州出發，從福州開航，由黃岩縣禪寺強制獲送去揚州崇福寺，第四次失敗。

第五次失敗是在公元七四八年，六月從揚州出發，遇上暴風，十一月漂流到海南島南端，經過三年，才返回揚州，此行鑑眞和尚已六十一歲，途中另一高僧榮叡圓寂，鑑眞則雙目失明。

最後一次是公元七五二年，日本遣唐使藤原清河、副使大伴古麿一起到揚州延光寺訪鑑眞，堅邀請他搭乘遣唐使船隻東渡弘法，十月十九日離開揚州，十二月廿日終於到達日本，廿六日至太宰府，七五四年二月抵達奈良，在東大寺創始戒壇弘法。他眞是去日本五次未成，最後是靠乘遣唐使的船隻，才達成東渡日本的目的。

以下，是我蒐集到的過去遣唐使來唐年表，注意看備考欄，常出意外。

## 遣唐使來唐年表

| 成否 | 次數 | 出發年 | 回國年份 | 外交使節 | 留學生僧 | 船數人數 | 備考 |
|---|---|---|---|---|---|---|---|
| ○ | 1 | 六三〇 | 六三二 | 太上御田鍬 | 僧旻、唐使高表仁（返） | ?艘 二四〇人 | |
| ○ | 2 | 六五三 | 六五四 | 吉士長圓 高田根麿 | 僧道昭、覺盛（往） 新羅使、百濟使（返） | | 往程在薩摩遇難 |
| ○ | 3 | 六五四 | 六五五 | 高向玄理 | ? | ? | |
| ○ | 4 | 六五九 | 六六一 | 板合部石布 | ? | 二艘 | 往程漂流抵南海 |
| ○ | 5 | 六六九 | ? | 阿內鯨 | ? | ? | |

| | | | | | | | |
|---|---|---|---|---|---|---|---|
| ○ | 6 | 七〇二 | 七〇四 | 粟田眞人 | 僧道慈、（山上憶良）（往） | ？ | |
| ○ | 7 | 七一七 | 七一八 | 多治比縣守 阿部仲麿 | 僧玄昉、吉備眞備 阿部仲麿（往） | 四艘？ 五五七人 | |
| ○ | 8 | 七三三 | 七三五—七三七 | 多治比廣成 | 僧榮叡、普照（往） 僧玄昉、吉備眞備、唐、婆羅門僧（返） | 四艘 五九四人 | 第四船行方不明 第三船漂流 |
| ○ | 9 | 七五二 | 七五三—七五四 | 藤原清河 大伴古麿 | 行賀（往） 唐僧鑑眞（返） | 四艘 五〇〇人 | 回程，第一船失事 |
| × | 10 | | | 仲石伴 石上宅嗣 | | | 七六一任命，船舶故障，中止 |
| × | 11 | ？ | ？ | 中臣鷹主 高麗廣山 | | | 七六二任命，無順風，中止 |
| ○ | 12 | 七七七 | 七七八—七七九 | 佐伯今毛人 | ？ | 四艘？人 | 回程第一船失事，其餘漂流到九州 |
| ○ | 13 | 八〇四 | ？ | 藤原葛野麻　呂 | 僧空海、最澄橘逸勢（往、返） | 四艘 ？人 | 往程第三船失事 |
| ○ | 14 | 八三八 | 八三九—八四〇 | 藤原常嗣 | 僧圓仁 | 二艘 五一一人 | 第二船漂流 |
| × | 15 | ？ | ？ | 菅原道眞 | | | 八九四任命，中止 |

交待了鑑眞和尚東渡日本弘法的經過後，現在，我們來談的是楊貴妃是如何東渡的。

在一千二百年前，由中國去日本，只有坐船，那時候，還沒有飛機。

遣唐使所乘的，是大船，我在日文「長恨歌」一書中，找到一張遣唐使船隻的模型，及平面透視圖如下。

這種船隻，中國古時稱舳艫，所謂：「舳艫千里」就是船的頭尾相連長達千里，形容船多的意思。

這種是長方形的大船，舳是船尾，艫是船頭，一艘可乘一百餘人，注意船的兩側，各有十五個小孔，方便船上船伕卅人分兩列，把槳櫓放在孔內，一起用力搖櫓，是使船向前行駛的動力，當時沒有機動馬達，完全靠人力，此外另一航行動力來源，就是靠兩根桅桿上豎起來

遣唐使船模型設計圖

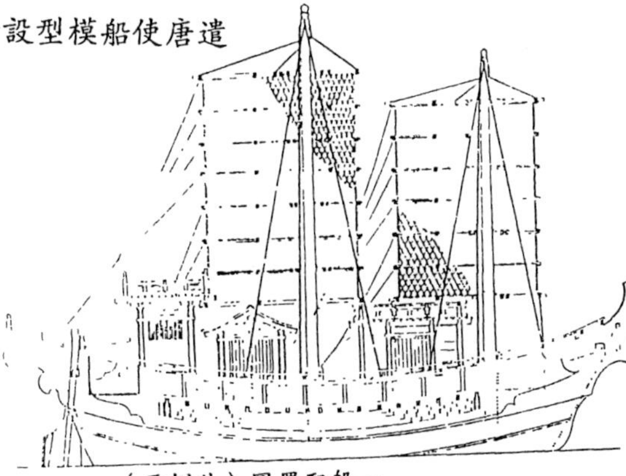

一般配置圖（外側面）

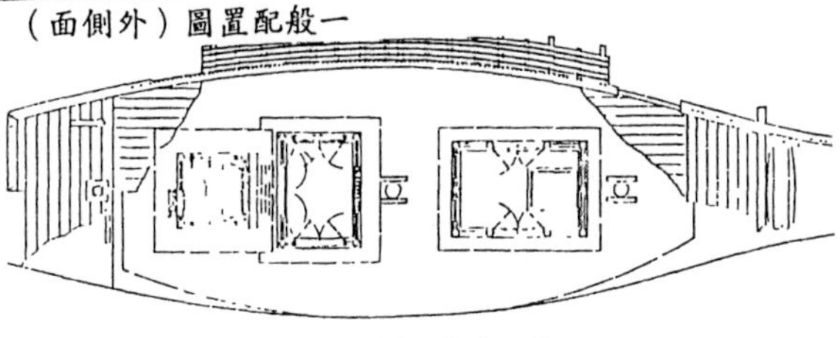

一般配置圖（平面）

的帆蓬，借風力來行駛。

楊貴妃確是搭上這樣的大船去日本的，同行共五艘船，誰知結果，就是貴妃搭的那艘船途中亦遇上風浪，可能桅桿被折斷，船就下沉，貴妃、徐夫人是船上的貴賓，僅有二艘救生小船，一艘給貴妃和四名宮女坐，另一艘給徐夫人及藤原刷雄坐，楊貴妃的救生小船，日本人稱之爲「空艫船」就是沒有船頭的船，隨海潮漂流到了油谷町，她們就在油谷町久津登岸，另一艘漂流到荻町登岸，所以，才有兩種不同的傳說。

徐夫人因與藤原刷雄同船登岸，所以雖然她也語言不通，但不要緊，藤原帶她去朝見了當時的孝謙女皇。

有人向我說：「貴妃在油谷町登岸後，船上有御醫、太監、宮女，還有黃金、珠寶、糧食、衣物，登岸後，建屋安居，與當地漁民交易，有通婚現象，死後也就葬在住處高地，蓋有「貴妃廟」，供跟隨去的人供奉弔祭。」

說這話的人，完全是胡扯，貴妃是逃亡去日本的，還有御醫、太監陪同嗎？不可能的，救生小船還能載黃金、珠寶、糧食嗎？

再說我實地去了日本，也未見該處有「貴妃廟」，只見「二尊院」、「五輪塔」及楊貴妃的石像。不過，楊貴妃去日本，確是靠遣唐使的船隻，協助成行，……這是我可以肯定的。

# 「貴妃東渡」

## 一、

當我於九十年十二月出版了「掀開歷史之謎」一書後，有關楊貴妃並未死在馬嵬坡；而死後復甦逃亡去日本的史實眞相，作了詳實的考證以後，應該暫且告一段落，誰知關心楊貴妃去日本的這件事，有興趣的朋友，還眞不少。

首先是好友朱順官，他熱心的送了我兩片「貴妃東渡」崑劇的光碟片，希望我仔細的看一看，他說，這是大陸上於九十年新編寫演出的一齣「崑劇」，有說、有唱、有歌舞的大場面，在大陸演出後，曾移至日本東京演出，客滿了一個多月，才載譽歸國，這兩片全劇的光碟片，臺灣看到的人不多，我特在此，向大家介紹一下。

崑劇「貴妃東渡」的劇情，敘述大唐盛世時，各國都派來使臣覲見，唐明皇就以「雲裳羽衣曲」的歌舞，招待各國使臣觀賞，該曲由楊貴妃親自演唱舞蹈，日本遣唐使臣阿部仲麿，對楊貴妃留下難忘的印象。後來，安祿山之亂起，唐明皇率領楊貴妃倉皇逃離長安，各國使臣爲保安全，亦隨之逃亡，途經馬嵬坡時，發生兵變，叛軍先殺了楊國忠，繼而又逼迫楊貴妃自盡，唐明皇在萬般無奈之下，乃命高力士將貴妃於佛堂縊殺之。而在劇中，則是兵荒馬亂中，日本阿部大臣，於紛亂中救出貴妃，相偕一起逃亡。

二人搭船赴日途中，船遇風浪沉沒，兩人漂流至一荒島，幸未畢命，在荒島上，貴妃發現一野草，欲採食果腹，阿部告以此乃「斷腸紅」毒草，絕不可食，貴妃乃將之珍藏之。後來幸有船隻經過，乃呼救脫險，抵達日本。

時日本正值孝謙女皇執政，阿部仲麿引貴妃覲見女皇，女皇甚爲欣喜，招待視如貴賓，正值櫻花盛開季節，女皇邀貴妃參加櫻花節盛會，劇中展現大場面的日本歌舞，歡娛觀衆。最後是貴妃在日，聞及唐明皇去世之消息，哀慟萬分，服食「斷腸紅」自盡，阿部大臣因哀傷美女香消玉殞，也切腹死去，表現了日本的武士道精神。

「貴妃東渡」這齣戲，前面有唐朝宮廷中歌舞的大場面，後有日本仕女櫻花節載歌載舞的絢麗畫面，其中再加上了穿插了日本人的武士道精神，相當討好日本觀衆，難怪在日演出時，佳評如潮，賣座也盛況空前。

但嚴格的說，與眞實的歷史眞相，相去甚遠。在日本歷史上確有一名阿部仲麿之使臣來華，也有當時的孝謙女皇，貴妃也確是東渡到了日本；但並未見到女皇，招待她一同觀賞櫻花盛會。最近，我因深入查證這一段歷史眞相，又查閱了一些「日本歷史與文化」等有關書籍，以及「安史之亂」當時的歷史背景，及楊貴妃眞正逃亡至日本後的悲慘遭遇，願向讀者作一周詳的報導。

## 二、

先說唐天寶十五年（公元七五六年）距今已有一千二百多年前的事。

當時，楊國忠因楊貴妃的關係，爲唐朝當時權高勢大的宰相。

他共生有四個兒子。長子名楊暄，正妻已病故，侍妾徐氏，出身良家，爲楊暄所寵愛，在家族地位中等於夫人，常陪同丈夫入宮參加宴會應酬，只是未有正名而已，生有一子，取名楊歡，時年八歲。

馬嵬坡事變時，楊國忠的長子楊暄，最先遇難被殺死，但徐氏及楊歡，因未在一起，逃了出來，成爲漏網之魚。

次子楊昢，其妻爲皇室之萬春公主，時爲駙馬都尉，官任鴻臚寺卿，也相等於現在的外交部長，常與當時各國的外交使臣有所接觸。馬嵬事變時，雖未當場被叛軍擒獲，但逃亡將至「散關」時，被安祿山的軍隊俘虜，殺死。

三子楊曉，則在逃亡途中，被漢中王李璠榜殺於漢中。（今陝西南鄭）

四子楊晞，隨母死難於陳倉。

楊國忠四子均已婚，可能都有子女，然史書俱不詳載。

現在要說的是楊國忠家人，在事變中，均已先後死去，唯獨長媳徐氏及孫子楊歡倖免於難，母子倆相偕逃亡至揚州，在途中巧遇了遣唐使臣中的藤原刷雄（前誤爲藤原剛雄，特在此更正）因楊咄爲鴻臚寺卿，日本使臣在長安，受到特殊優待，在宴會中，與徐氏相識，如今徐氏有難，藤原自當相助，允許徐氏居住於遣唐使揚州官邸中。

徐氏希望有伴去日，邀楊貴妃一同搭船去日本，是很自然的事。

## 三、

在日本歷史上，派遣唐使到中國來，一方面促進彼此的外交關係，一方面學習大唐：政治、文化、建築、宗教各方面的制度及智識。

我在「逃亡去日本路線」一文中，說從公元六三〇年至八九四年間，前後共任命了十九次「遣唐使節團」，但實際上，作爲正式國使者，只有十三次。

要楊貴妃搭船去日本的，是第九次。

當年海上航行的船隻，沒有馬達，完全靠人力划槳櫓前進，或用帆蓬，借風力行駛，最早的航行路線，共有四條：起初是經由朝鮮半島西岸溯往山東登州的「北路」，其後，緣於對新羅國（即朝鮮）關係的惡化，乃改走由揚州出海之「南路」、「渤海路」、「大洋路」。那時，遣唐使船隻出海，雖是大船，但遇到颱風、觸礁等意外，經常失事，有很高的冒險性，於是常是二至四艘船，結伴同行。

其中，有第五次東渡時，遇上暴風，結果船漂流至海南島南端，經過三年的時間，才返回揚州。

公元七一〇至七八三年，日本史上稱爲「奈良時代」。自元明天皇至桓武天皇共七代，統治了七十四年，在此階段：政變內亂頻起，一直擾攘不安。

楊貴妃逃亡至日本，是日本孝謙天皇執政時期，她是「聖武天皇」與皇后「藤原光明子」所生的女兒，藤原家族在當時政壇上是極有勢力的貴族。掌握了朝中的大權，孝謙女皇和她父親「聖武天皇」，還有大臣「藤原仲麻呂」都是熱衷推行唐朝文化者，引起另一大貴族橘奈良麿的不滿，暗中計劃政變，推翻女皇，誰知在政變前夕，藤原仲麻呂得到密報，先下手將政變集團四百餘人一網打盡，才將叛亂敉平。

女皇恐地方豪族，仍蠢蠢欲動，乃發佈了「戒嚴令」，嚴禁造謠生事，擾亂治安的不良份子。一部份叛亂黨徒遂逃亡至新羅國，女皇乃命吉備眞備整軍，預備和新羅國開戰。

這以後，日本國內又有惠美押勝之亂，孝謙女皇深感政治壓力沉重，就仿照唐朝的李隆基一樣，宣佈把皇位傳太子，自己做「皇太后」或是「太上皇」，雖如此，仍想把持權力不放。女皇放棄了天皇的頭銜後，昔日輔助他執政的藤原仲麻呂，在權力上結合了升爲天皇的兒子，與「太上皇」又起了新的政治鬥爭。

孝謙太上皇乃又聯合道鏡禪師，與之對抗，一直到公元七六二年，藤原仲麻呂決定用武力來打倒孝謙。

他在奈良之西的海邊城越前起兵，侵入近江國，孝謙派兵分自伊勢和山城，兩路出擊，將藤原的前鋒兵馬擊破，藤原戰敗後，在湖邊自殺。

孝謙戰勝後，重登王位，把傾向藤原仲麻呂的兒王淳仁天皇廢了，囚禁入牢，並改名「稱德天皇」，年號仍用「天平寰宇」，到了公元七六五年，才改年號為「天平神護」，這年又發生另一次內戰，和氣王叛變，孝謙女皇又將之敉平，道鏡禪師在朝中替代藤原仲麻呂後獨攬大權，圖謀篡位，自為天皇，至公元七七〇年，再被女皇擊敗，這一年，孝謙女王死後，接任的是「光仁天皇」，光仁之後是「恒武天皇」，一直紛亂不斷，到女皇死後，有關楊貴妃在日本的傳說，才少了下去。

帶楊貴妃去日本的遣唐使臣藤原刷雄副使，是正使藤原清河的弟弟，在當時，藤原清河在家族中，也是一舉足輕重的人物。否則，他不可能擔任遣唐使的正使，並且多次來長安覲見過唐玄宗。

藤原清河，原名藤原河清，因有一次他回去日本時，航行中途遇上風浪，將船飄流到了安南，幾經周折才回到長安，皇上乃賜命，叫他改為清河，這樣，過海才能平安無事，還任命他為特進秘書監，所以，他與楊貴妃也相當熟稔的。

## 四、

交待清楚了楊貴妃逃亡去日本的時代背景後，現在，我要說的是相隔了一千二百年以後，現代的日本人，對楊貴妃的傳說。

有一位名滿港台，專門寫歷史小說的作家南宮搏先生，他寫的「漢光武」小說，胡適博士在序言中，特別強調他的現代化取材，與寫作手法的高明。他前後出版過五十五本書，大部份都是歷史小說，有「圓圓曲」、「桃花扇」、「武則天」、「虢國夫人」、「西施」、「洛神」、「潘金蓮」……等，其中「楊貴妃」一書，早在民國五十一年，就由大方書局出版過，後來他當了「中國時報」的社長，評論撰述委員，又重寫「楊貴妃」，六十一年起，先在報上連載，六十二年完成後，又寫了「楊貴妃外傳」，書寫貴妃死後復活逃亡去日本的經過，大陸汕頭海洋音像公司，曾依據該「外傳」，拍攝過四集錄影帶，穿插了一些歌舞場面，唯去日本後的情況，則一筆帶過，未見詳述。我蒐藏有此錄影帶。

六十四年該小說出版前，南宮搏為求精確，特專程自港去日本採蒐資料，像他這樣認眞的寫作態度，著實令人敬佩。

他在「楊貴妃外傳」尾聲中說：

「根據日本方面古代的傳統：楊貴妃一行是公元七五七年到日本的，據說她所乘的船，在瀨戶內海的山口縣的荻町登陸；又一說：楊貴妃在油谷町久津登陸，這兩地都在山口縣。

傳說之一：楊貴妃海行染病，到日本之後，不很久就死了，後代文獻所記載的楊貴妃的子孫，實在是徐氏所攜子，楊國忠之孫楊歡的後裔。又一說，楊貴妃到日本後，受到優厚的接待，同時和唐太上皇李隆基，還有消息相通。李隆基在世時派人送了二尊佛像到日本，此像現尚存，一在京都，一在荻町長壽寺。

此外，有一種傳說是，楊貴妃受到孝謙女皇的優禮，奈良政變敉平後，孝謙也作了太上皇，楊貴妃參與日本宮廷政務，並在後來協助孝謙女皇復位，楊貴妃在日本的政治活動，一直到奈良時代結束，日本都城遷京都時才終止，她是死在京都的。」

南宮搏在這段文字後，特別標明：這都是「傳說」，他只是筆錄而已。「楊貴妃」一書後，另有「附錄」共分二段，其中第二段「馬嵬事變和楊貴妃生死之謎」中，南宮搏這樣寫著：

一九六三年（民國五十二年）一位日本少女出現於電視，自稱是中國楊貴妃的後裔，而且還展現古代文件作佐證。此一事件，當時曾引起不少的轟動，竹內好主編的日文雜誌：「中國」有詳細記載，我在那時曾爲此赴日搜找一些材料。

在日本有關楊貴妃死於日本的材料，很多，但僞眞無法鑑定。但存在久遠，則是事實。使人感到興趣的是：楊貴妃在日本有兩個墳墓，一在荻町的「長壽寺」內，又一在久津，兩墓皆爲石塔，但形狀不同，我沒有親至墓地祭看，只見到二墓之照片。

此外，又有楊貴妃的像（不知是玉或銅）亦傳有二，一在山口縣的荻町長壽寺，據說是死後，日本人所琢，一在京都爲唐使送往，而二像至今尚存。

楊貴妃二墓及二像都有典籍記載，我看到好幾種不同的文字說明，是古之好事者虛構或是寫傳奇小說，無由辨別，也不欲認眞去辨別，因各種文件記載不同。一說楊貴妃東渡，侍女從口，大多死去，楊本人抵日後不久亦死。另一說，楊貴妃受到日本禮遇，還有一些繁茂的故事留下，……如認眞去作史料看，是無稽的，作傳奇故事看，卻有其意趣。」

南宮搏的這本「楊貴妃」小說，由時報文化出版公司於六十四年八月出版後，十分暢銷，至六十九年四月，出版了修訂九版。日本人稱譽南宮搏爲「現代中國歷史小說」第一人。後於此書出版，日本人渡邊龍策編撰的「楊貴妃復活秘史」一書，於七十三年有中譯本問世，其中，有一部份資料，是取材於該書。

七十八年十二月，賈恩洪先生，根據「長恨歌」之深入考證，出版之「破繹『長恨歌』之謎」一書，亦肯定楊貴妃並未死在馬嵬坡，書中引述南宮搏所著：「楊貴妃外傳」中言：「日本古傳說：楊貴妃縊而復活逃日本，在瀨戶內海山口縣荻町登陸，長壽寺留有玉像，一說在久津登陸有墓。」

八十二年七月，臺北世珍出版社，又出版了一本「楊貴妃新傳」，作者名譚甄適，書中說：「貴妃在揚州遇見了藤原刷雄，他也邀貴妃一起去日本，貴妃並未隨之去，在江陰孤山上一個叫『靈清道觀』，做了女道士。」唯書中敘述貴妃死後復活逃亡至揚州部份，與南宮搏所著相同。

總之，南宮搏查證楊貴妃逃亡至日本的史實，是值得大家認同，但其中有不同的多種「傳說」，使他不知該相信那一種傳說，才是正確的。

## 五、

「貴妃東渡」是一個事實；但是否眞如「崑劇」中所述，貴妃與日本阿部使臣，途中船失事，二人漂流在荒島，最後去了日本，受到日本孝謙女皇的隆重優遇呢？

我想，應該先將東渡去日本，上船等經過情形，細說一遍，因我前寫「逃亡去日本的路線」一文中，不夠詳細。特再予補充。

貴妃縊死後，隨之一同逃亡的，有舞孃謝阿蠻、宮女：文郁、意兒、靜子、阿芳等四人，逃亡之路途中，先是遇見了琴師馬仙期，相偕同行。

為防人耳目，途中貴妃要謝阿蠻、馬仙期二人假扮作夫婦，孰知後來，二人弄假成眞，眞做了夫妻。

一行人到了揚州，購下一莊院，暫且落腳定居下來。一日，在街市上，馬仙期遇上了楊國忠的長媳徐氏，始知徐氏及其幼子楊歡，住在日本遣唐使臣的揚州府邸。

因徐氏在逃亡途中，遇上日本遣唐使節團中的副使藤原刷雄，因曾相識，乃相助住其府邸。

經過一番周折，馬仙期先安排貴妃與徐氏見面，再由徐氏安排貴妃與藤原刷雄見面，藤原瞭解貴妃之處境，十分同情，就邀請貴妃偕同其宮女與徐氏母子一共是七個人搭乘遣唐使節返日之船隻，一起去日本定居。並向貴妃保證其旅途安全。

時因正使藤原清河，尚在安南未歸，此次回國事宜，一切由副使藤原刷雄全權處置。

貴妃本不願去日本，因人地生疏，又無相識之親人，但在徐氏力邀勸說及藤原副使之熱誠歡迎之誠意，又隨時怕被人發現追殺，始同意隨船出發，而謝阿蠻與馬仙期二人，已結成夫婦，不想隨之同行，因爲他倆即使被叛軍等發現行蹤，也無「殺身」之危險也。

貴妃再三思考後，決定同意他倆不去日本，但希望他們能去到成都，告知皇上，貴妃已逃至日本訊息，並抵達日本後，彼此密切連絡。

所以，實際去日本的，只有貴妃、使女四人、另徐氏母子二人，共七人，那個小孩楊歡，當時只有八歲。

遣唐使返國的大船，一共有五艘，一艘可載近百人，貴妃他們先搭小船靠近大船，由人將行李及小的物件先運上大船，大船很高，爲求安全，先由大船上吊下兩隻懸籃，由宮女文郁、靜子先上，日本遣唐使執事官在照料。

貴妃眼看著兩名自幼貼身相隨的女侍，在晨光曦微中，冉冉上升，安然抵達大船，內心興起諸多的感觸。

不久，大船上又放下三個懸籃，其中有一隻懸籃內，舖有一錦墊，是供貴妃坐的。意兒和阿芳先侍候貴妃娘娘坐入懸籃，執事官指導貴妃要用手抓住繩索，以保持平穩，貴妃上升時，還向岸邊送別的謝阿蠻、馬仙期揮手告別。

貴妃上了大船後，徐氏母子，也跟著用懸籃，吊上了大船。

藤原刷雄在甲板上，歡迎她們上船，並引導她們進入船艙。

五艘大船相繼啓碇、出發。

## 六、

楊貴妃搭船去到日本，是在公元七五七年，正是日本孝謙女皇時代，因著唐朝發生安祿山之亂，而孝謙女皇也在宮廷中發生政變叛亂之際，那裡有什麼心情，優禮接待逃難來的楊貴妃，還一同看櫻花節的盛大歌舞慶典表演，……「貴妃東渡」編劇的人，只求討好觀衆，太不瞭解當時的日本歷史了。

按照南宮搏親自去日本尋訪，有二種不同的說法：

「一說是在荻町登陸，一說在久津登陸，一說貴妃海行染病，到日本不很久，就死了。另一說，貴妃抵日後，受到日本孝謙女皇優禮接待，並參予日本宮廷政務，還協助女皇復位，最後死在京都。」

究竟那一種傳說是對的，那一種傳說是錯的，這值得吾人深入的查證。

我在林明德、陳慈玉、許慶雄合著的「日本歷史與文化」一書中，找到了重要線索，在「遣唐使往返表格」中，這第九次回程中，有一行備註：「回程，第一船失事」這幾個字，我在別的一些書上，都看到說貴妃去日本時，搭乘五艘大船，這表上記載是四艘，我深入思索，才明白了：原來出發時是五艘，但回程時，一艘失事沉沒，當然就只有四艘了。但年代久遠，這一艘失事的船，是遇風浪沉沒？還是觸上暗礁沉沒？不得而知，因爲那時的航行船隻沒有機械馬達控制，失事時恐怕打電報求救信號的設備都沒有。回想一百年前「鐵達尼號」

失事，都可能沉沒，一千二百年前，沉沒一條靠蓬帆行駛的大船，也不會有記者去採訪記錄報導。

因貴妃等貴賓，一定乘上失事的那條船，船沉前，貴妃及四名侍女被安排坐上一救生小船，而徐氏母子及藤原刷雄等人，安排坐上另一救生小船逃生。貴妃的小船，先在瀨戶內海向津具半島的油谷町久津靠岸，而徐氏藤原的救生小船，則在另一處荻町靠岸，所以有兩種不同的說法，久津是古代名詞，現在則是山口縣、大津郡，油谷町久津，因那邊有「油谷灣」，楊貴妃確是海上失事後罹病上岸，結果因不通日語又找不到當地通華語的醫生，就死在那兒的五輪塔墓地，也就是她的葬身之處，四名侍女，因無一人通日語，貴妃一死，她們求救無門，只好殉葬死在一起，因而才叫「五輪塔」，塔是放死人骸骨或骨灰之地也，五人葬此，乃名「五輪塔」。

至於另一在荻町長壽寺的墓，是徐氏之墓，徐氏是楊國忠的長媳，對外也是稱「楊夫人」，日本人分不清「楊夫人」與「楊貴妃」，所以造成多種不同的傳說，徐氏在荻町登陸後，隨藤原可能見了孝謙女皇，受到貴賓之禮接待，至於介入日本宮廷政治，協助女皇復位，枚平政變等情事，是不可能的事，因徐氏也不精通日語也。

至於一九六三年，有日本少女在電視上出現，自稱是楊貴妃後裔的事，那也是徐氏兒子楊歡的後代子孫才對。經過了一千二百多年，已經是多少代，都分不清了，楊貴妃早死了，又未再嫁，那兒可能有什麼後裔呢？

楊貴妃在國內未曾干政，到了日本語言又不通，還能成爲政治人物嗎？……這一定也是徐氏的誤傳。

藤原刷雄雖是藤原仲麻呂家族的一份子，在政變時，並未與仲麻呂站在同一邊，因藤原族共分四房，接待徐氏的藤原刷雄，是和藤原永手一房，較爲接近；藤原仲麻呂與孝謙女皇正面衝突，兵敗自殺，女皇復位，把兒王廢了，這些事，都是後世好事者牽強附會的傳說，與徐氏無關，與楊貴妃更無關，說楊貴妃死在京都，更是滑稽可笑，因京都並無貴妃之墓啊！

解釋開了南宮搏所留下的一些「傳說」的謎團後，我還要將「安祿山之亂」給當時日本帶來的影響，說一說。

唐朝發生「安史之亂」後，對日本帶來相當大的衝擊。日本遣渤使小野朝臣田守，於天平寶宇二年（公元七五八年）回國向女皇報告詳情後，朝廷立刻請熟悉唐朝的吉備眞備訂立對策，命太宰府嚴守海防，敕書上說：「安祿山乃狂胡，背天敵而叛亂，若不能攻略西方，恐有兵向東方之慮」。

天平寶宇三年，太宰府向朝廷覆命：「防護不可能」，只有以攻代守，有積極征討新羅（朝鮮）的計劃。

安祿山死後，日本曾派了大使高元度、判官內藏全成等九十餘人入唐，時値史思明繼續作亂，打敗了郭子儀、李光弼的部隊，洛陽再度失陷，當時李亨接王位後，以道路受阻，不讓日本使臣進入長安朝見，派人把高元度等人，送到蘇州，出海返日。

高元度返日後，第十二次遣唐使回航時，第一船又失事，其餘漂流到九州。第十三次遣唐使自日啓航不久，第三船又失事；第十四次遣唐使船隻，第二船漂流，……因頻頻船隻出事，遣唐使來唐學習政經等智識，於公元八九四年中止，不再繼續。

## 七、

民國八十三年八月廿三、廿四日，中國時報旅遊版上，接連二天刊載了一篇何顯斌撰文的「到油谷町參見貴妃娘娘」一文，是他親自去日見聞，十分珍貴，茲摘錄其中，有關楊貴妃部份之文字如下：

「日本本州最南端山口縣西北部，有個小半島，好像一隻伸入日本海的手，居民沿海而居，形成了很多個大大小小的漁村。

小姆指的尖端，就是「川尻岬」是日本本州最西北的位置，在川尻岬的左手邊海岸被稱爲「唐渡口」，因爲從這兒出海後，就可以順著潮流到達中國。相傳一千二百年前，楊貴妃及其婢女乘「空艫船」（即沒有掛帆的小船），就是被潮水漂到這兒來上岸的。在半島的「拇指」外側位置，有個叫「久津漁村」的小村子，村後山腰上，有個叫「二尊院」的古刹，據說楊貴妃過世後就葬在這兒。

關於楊貴妃的傳說，有兩種不同的版本。

當地的版本是，楊貴妃及其婢女從唐渡口上岸後，不久就過世了，其遺骨依當地風俗葬於寺廟。另外一種「京都」版本是說，楊貴犯上岸後，受天皇禮遇，過世後，葬於重生地（即油谷町），唐玄宗獲悉貴妃到了日本，特請白馬將軍陳安，送來兩尊佛像，以慰其靈。（這二尊佛像，現存於京都清涼寺，已列爲日本的國寶），我個人比較傾向於當地版本，中國民間也有流傳楊貴妃東渡東瀛之說，白居易的「長恨歌」裡，也有楊貴妃赴日本的暗示。

然而；依日本學者考證認爲，唐朝極爲強盛、和日本的關係，相當密切，當時日本全面施行漢化，因而官方派有很多留學生及和尚等遣唐使，來中國學習及取經；但是「安史之亂」爆發後，大批外國人深恐遭池魚之殃，都紛紛返國避難。楊貴妃在馬嵬坡獲救後，其甥楊咄正任職外交部重職，因此助其和日本人矇混出國的可能性相當高，再說楊貴妃在日本過世後，唐玄宗送二尊佛像等之跡象顯示，難怪日本學者認爲楊貴妃當年跑到日本，是錯不了的。」

何顯斌先生也肯定楊貴妃跑到日本，是錯不了的。

接著，我們再看何先生造訪貴妃墓的見聞：

「我陸、海、空三種交通工具都用上了，終於來到位於偏遠的『久津漁村』。村裡唯一准許賣酒的雜貨店「藤井酒店」的斜對面，有個五十六階的石階梯，可上去到千年古剎──「二尊院」。

上去後，首見映入眼簾的是尊二公尺高，雪白大理石的楊貴妃雕像（註：此像是八十年以後大陸美術學院雕刻贈送），雕像前面有個大廣場，四周種了很多柳樹，廣場兩旁，各有一個中國式的涼亭，鮮艷的畫棟雕樑，配上鮮黃色的屋瓦，在這一片青山綠水中，相當搶眼，雕像後方，就是千年古刹。一進門左邊，掛著一幅橫畫，右邊掛著一幅直畫，兩幅都是楊貴妃墓的寫生。

雕像的左斜方，約五十公尺處，有一個由數百塊岩石堆積而成的六公尺見方，半公尺高的石墓，石墓上有一百五十三公分高的五輪塔式的墓碑，這就是楊貴妃的墳墓。

雕像的右斜後方，有個岩石砌成的大池子，池畔種滿了柳樹，似乎是造個「華清池」，以解其鄉愁。

楊貴妃雕像面朝長安方向，頭微低，我站在她前面，仰望著她，久久不忍離去，突然覺得她在對我微笑，似乎她很高興，同是炎黃子孫的我，千里迢迢從臺灣來此祭拜她，晚霞把貴妃的臉，染成微紅色，深信日本人稱她爲世界三大美女之一，並不誇張。

貴妃的墳墓前面，擺了一個「錢箱」，很顯然地，日本人已經把她當「神」祭拜，來拜楊貴妃的：以情侶、新婚夫婦，以及年輕小姐最多，她們虔誠地祈求貴妃，能保佑他們將來順利生產，並生出漂亮的寶寶，據說相當靈驗，所以香火鼎盛。」

當晚何先生在村裡唯一的一家小旅社過夜。

第二天一大早，就去古刹找住持，並將事情經過全部告訴他，住持名叫田立先生，他對何先生說：

「我們神職人員，不可介入政治紛爭及學論之辯。不過，今天我告訴你三件事：

第一件事：一千多年前，這半島只有這家寺廟，人過世後，遺骨入寺歸佛，不論生前功過，但總要有個名字，所以，我們寺廟的檔案，有記載楊貴妃。

第二件事：當年日本對「遣唐使」等人員，進出國境，管制很嚴，並設有特定的港口，因此，離開中國是一回事，進入日本又是另一回事，和現在「入境簽證」制度是一樣的。而你剛剛所問的「唐渡口」，那是以前「不太合法」出入時所使用的。當年的楊貴妃和其婢女，應是和避安史之亂的日本留學生、和尚、商人等搭正式的帆船離開中國的，但是到了日本外海的某一個「洋流點」時，才改用「空艫船」讓其漂流至唐渡口上岸。（筆者按：其意即楊貴妃沒有日本的入境簽證，所以高人幫助其偷渡，空艫船沒有帆，目標不易被發現。）

第三件事：日本自古至今，對入境的管制很嚴，當年，村子裡根本沒有這些女人，她們是突然「出現」的。據我所知，中國民間，也有「楊貴妃赴日」的流傳存在。又唐玄宗派人送二尊佛像之事，楊貴妃到這個半島來，是不會錯的。」

田立住持言畢，何先生向他行了大禮，然後到楊貴妃的墓前，合掌向她稟告，巧的是當何先生稟告完的那一刻，正好旭日東昇，陽光照亮了整個楊貴妃的墳墓。

## 八、

以上，是民國八十三年八月，何顯斌親自在日本深入訪問楊貴妃墓的見聞。

文中他還引述民國七十七年，大陸中共駐日大使館的參事章金樹先生，也曾造訪過楊墓，臨行還獻詩一首如下：

長生殿裡　情意長，
天長地久　倆難忘，
長安一別　何處去？
油谷町内　望家鄉。

看了以上的文字記載後，可能有人會問我：「帶楊貴妃及徐氏母子去日本的遣唐使藤原刷雄，不是藤原家族的一份子，政治背景良好，他既然很慷慨的邀貴妃娘娘去日本，並保證旅途安全，怎麼會結果因沒有入境簽境，而將之放入「空艫船」，任其漂流至「唐渡口」而非法入境，豈不太荒謬了嗎？」

我想二尊院的田立住持，可能不知道，當時遣唐使的一艘大船「失事」了，才有此不得已的措施。若不「失事」，他一定有辦法可以使楊貴妃正式入境的。

再者，徐氏母子是飄流到荻町上岸，一上岸，又碰上孝謙女皇正在應付政變之局勢，所以才無暇再來照拂楊貴妃。

還有需要說明的：「久津，是一荒僻的小漁村，相隔了一千二百年以後，如今也只有一個寺廟，一個賣酒的小酒店，一個唯一的小旅社，沒有醫院，沒有診所，也沒有精通日語又通華語的醫生或翻譯人員，楊貴妃病了，身邊四個使女沒有一人會日語，除了等死，可說別無他法，眞是客地異鄉，叫天天不應，叫地地不靈。」

最後，要說的是唐玄宗何以知道楊貴妃在日本，並派人送了二尊菩薩去日本！這是怎麼一回事？

依據南宮搏「楊貴妃外傳」尾聲記載：隨同楊貴妃一同逃亡的謝阿蠻與馬仙期夫婦，在揚州送別了貴妃娘娘上大船去日本後，就開始動身自揚州回途去長安，那時，李隆基早已把王位傳給了兒子，自己做了「太上皇」。這時，兩京雖已收復，但戰事並未結束，李亨接了王位借回紇兵助戰，雖有少勝，但路上散兵游勇充斥，到處劫掠，十分不安寧，馬仙期謝阿蠻一路歷盡艱辛，於乾元二年（公元七五八年），才抵達長安的「興慶宮」，見到了唐玄宗，阿蠻當面向太上皇報告楊貴妃逃亡去日本的情形。

李隆基見了阿蠻，得悉貴妃眞的未死，逃亡去了日本，十分高興，就派了陳安帶了二尊菩薩去到日本，那知關山遠隔，去的人以地址不詳，路途不熟，未能找到貴妃，後人找到貴妃時，貴妃已去世，但留下二尊菩薩，是事實，十分珍貴，乃將楊貴妃之墓地，稱之爲「二尊院」，……我推想登陸的那個渡口，也因此日後就叫做「唐渡口」了。

## 九、

公元七五八年，安祿山部將史思明與安祿山之子安慶緒繼續作亂，與郭子儀、李光弼對抗，是年末，史思明攻下魏州，公元七五九年史思明在魏州稱「燕王」。

唐朝李亨率領的軍隊六十萬與史思明五萬軍隊對抗，結果，因起大風，唐軍潰敗，李光弼放棄洛陽；此時史思明已殺了安慶緒。公元七六〇年，史思明進入洛陽，李亨鑒於李隆基退位後與日本人仍有來往，當時又有一批人意圖慫恿太上皇「復位」。

李亨乃接受了宦官李輔國的建議，繼馬嵬坡事變後，對太上皇發動第二次政變，逼他遷出「興慶宮」，遷入冷落的西內「太極宮」。李輔國並暗中計劃在遷移途中，派人將太上皇殺害，千鈞一髮之際，幸有身旁高力士護駕，大聲嚇阻，行兇的兵士，才掉落兇器鐵槌，使李隆基逃過一劫，但仍被視同囚犯似的，押送入「太極宮」。

此一事件發生後，高力士被李亨流放到巫州，從此不能再在太上皇身邊護駕。

唐明皇無法再派人去日本，被囚禁在「太極宮」，心情極度苦悶，日夜思念楊貴妃，這時適有臨邛道士來到，才有「長恨歌」中「忽聞海外有仙山，山在虛無飄緲間」之詩句出現，公元七六〇年貴妃早已魂斷於東瀛矣。

公元七六〇年，日本又有了新的政治鬥爭，孝謙女皇把皇位傳給了太子，和李隆基一樣，也變成了「太上皇」。

公元七六一年，國內史思明之作亂部隊，攻下河陽、懷州，聲威大震。史思明有意立另一子史朝清爲繼承者，引起其子史朝義不滿，結果，被史朝義的部下幽閉，縊死，史朝義繼承了皇位。

公元七六二年四月，太上皇李隆基雖被囚於西內太極宮，心情苦悶，但龍體安健無恙，而皇帝李亨卻罹重病，奄奄一息，想不到的是，太上皇先駕崩，相隔了十三天，李亨才跟著駕歸道山；有人傳言說：「這是宦官李輔國搞的鬼，因爲他耽心皇上若先死，太上皇仍健在，可能復起執政，於他不利，所以先下毒手，將太上皇毒死。」這一懸案是否正確，有待後史學家考證。

唯太上皇死了，確應驗了臨邛道士所預言，臨邛道士他眞的在靈界，見到了楊貴妃。

公元七六三年，史朝義接任王位後第二年，爲范陽節度使李懷仙所追殺身亡。「安史之亂」，亂了九年，終於劃下句點。

唐朝玄宗、肅宗相繼去世後，由肅宗之子李豫接王位，是爲代宗。

這一年，日本的孝謙女皇復位，一直至公元七七〇年女皇死了，紛爭才告一段落。孝謙女皇這一代的變動，最大也最亂。

## 十、

現在，回歸到「貴妃東渡」，這齣戲的情節，有人訝異其眞實性，劇中的日本男主角阿部大臣，在日本歷史上，究竟有無其人，是編劇杜撰虛構的嗎？怎麼未見我說了不少當時的歷史，卻未有提到他呢？

依據「日本歷史與文化」一書之記載：留唐學生回到日後，對日本文化建設有貢獻而名垂青史的，有：吉備眞備、大和長岡、阿部仲麿等人。

可見阿部大臣在日本歷史上，確有其人，且有相當的貢獻。

再者，在日人渡邊龍策的「楊貴妃復活秘史」一書中，也有提及他：「如以玄宗統治下的大唐和日本（平安朝）互相交往來說，阿部仲麿這個人是不能遺忘的。」

公元七一七年（唐開元五年）唐玄宗登基還沒有多久，他和吉備眞備、大和長岡，就一同去了唐朝，那是日本遣唐使第七次派留學生到中國來。阿部只有廿歲，少年英俊，爲唐玄宗賞識重用。當時，在長安，正是唐代文化最光輝燦爛的時期；他參加國學考試，科舉及第，成爲官吏，也改名叫朝衡，後晉升爲三品高官，稱晁卿，或是晁監。

他未返日本，在長安度過了卅六年，公元七五三年，隨遣唐使藤原清河一同返國途中遭遇海難，九死一生，七五五年六月才得以回到長安，時年五十五歲。後來，七十三歲他死在中國，埋骨在長安。

他遇上海難，搭的是與藤原清河回日本的同一班船，不過，船中途出事飄流到了安南，經過三年流浪，才回到了長安，其間，可能眞的先漂流到一荒島，歷盡千辛萬苦，後經過船舶發現，將之搭救，才從陸路回到長安，他絕不可能與楊貴犯，一同飄流到一荒島上。

阿部仲麿死後，大詩人李白，曾有哀悼他的詩：

日本晁卿辭帝都，
征帆一片繞蓬壺，（即蓬萊）
明月不歸沉碧海，
白雲秋色滿蒼梧。

詩人王維，和他稱爲莫逆交，作有很長的序文，題爲「送秘書晁監還日本國」的離別詩。

據說在長安「興慶宮」的舊跡內，有阿部仲麿的紀念碑。

由此證實阿部使臣並非虛構人物，唯情況與眞正的史實，大有出入。

其次，是「貴妃東渡」劇中，安排楊貴妃在日本，是聽到唐玄宗駕崩的噩耗後，才服食毒草「斷腸紅」而自盡，而阿部也因貴妃之死而切腹自殺，雖是悲壯動人，有戲劇張力，但太離譜了。

是楊貴妃先死在日本後，唐明皇才死的，如今，卻倒果爲因，顚倒了次序。

再說「斷腸紅」這種毒草，又名「斷腸草」、「鉤吻」、「野葛」，是一種野生植物，花小，色黃綠、五瓣，果實多毛，有劇毒，誤食之，會舌唇潰爛，有性命身亡之虞，「本草綱目」有記載。

阿部怎麼知道，此草有劇毒，既有劇毒，貴妃知之，何以將之珍藏在身上，備日後服毒自盡之用，太令人費解了。

這使我想起，貴妃當年在馬嵬坡，被玄宗無奈下令將之縊死前，流傳曾寫了一首「斷腸詩」，令李隆基猜，抒發其怨恨絕決之情，詩是這樣寫的：

下樓來，金錢卜落，
問蒼天，人在何方？
恨王孫，一直去了；
詈冤家，言去難留，

悔當初，吾錯失口，
有上交，無下交，
皀白何須問，
分開不用刀，
從今莫把仇人靠，
千里相思一撇清。

這首詩的謎底，就是：「一、二、三、四、五、六、七、八、九、十」很有巧思，但是我們想一想，楊貴妃當時死到臨頭，還能寫出這樣的「斷腸詩」嗎？不可能的，分明也是後期文人，代她捉刀寫的，對不？

（脫稿於九十一年四月五日）

# 得償夙願扶桑行

## 一、

民國八十年，友人朱順官給我看了一篇刊載在「人民日報」上的文章，是一名留學日本的青年姜卓俊寫的，題目是：「日本有座楊貴妃墓」，讀後，使我引起很大的興趣，歷史上不是明明記載楊貴妃是在安祿山之亂時，被縊死在馬嵬坡的嗎？怎麼日本會有她的墓呢？這是胡扯，不可能的事。

後來，聽人說，日本眞的有楊貴妃的墓。再根據白居易的長恨歌中的詩句，明明有：「馬嵬坡下泥土中，不見玉顏空死處」，再查陳鴻寫的〈長恨歌傳〉中記載，臨邛道士「上窮碧落下黃泉，兩處茫茫皆不見，忽聞海上有仙山，山在虛無縹緲間」，證實道士確在海外仙山上見到了「楊貴妃」的魂魄。

我再從這一線索上追尋，結果發現早在民國十八年，歷史學家兪平伯先生，早就發表了論文，證實天寶十五年六月楊貴妃的確未死在馬嵬坡，因唐明皇在同年（天寶十五年）十一月重返馬嵬坡有意爲她隆重築墓改葬，卻在埋葬處未發現她的骸骨，只見到一枚她的香囊，這才有後面請臨邛道士招魂之舉。

我從此迷上這一個題目，深入多方查證，參閱了廿多本不同的書籍，從八十年五月起至八十二年四月，陸續在幾個報紙發表專文，最後綜合各文完成了「楊貴妃未死在馬嵬坡」的論文，在八十二年六月輔仁大學印行的〈輔仁學誌〉上刊出。

有人看了我的這篇文章表示認同；但是，也有人表示存疑，認爲我推測楊貴妃，是由山東出海，流亡去日本，是不可能的事。

八十三年我計畫去日本，親自跑一趟，就像我考證香妃一樣，曾千里迢迢去了新疆喀什，造訪了「香妃墓」。

但是，我不懂日語，又找不到精通日語的朋友願意陪我同行，努力了一陣，最後只能作罷，未能成行。

## 二、

這以後，我跑中央圖書館，又看了不少楊貴妃的書籍，包括歷史小說及碩士論文，最後找到一本日本人渡邊龍策編撰《楊貴妃復活秘史》的中譯本，八十三年又在報上旅遊版，讀到有人寫「楊貴妃墓」旅遊見聞，我才進一步了解楊貴妃是從揚州，搭上唐朝當時日本遣唐使的船隻渡海去日本的，接著又看到大陸上「貴妃東渡」的新編崑劇，在日隆重演出的光碟片。

更巧的是今年（九十一年）我很幸運的認識了一對久居日本大阪的華僑文學作家，他倆是夫妻。女作家名張慧琴，男作家名喬炳南。

張慧琴女士，年輕時就在「日本京都大學」教育學院接受教育，畢業後，先在大學擔任講師、副教授等教職，後在大阪中華學校任校長職，歷四十餘年，等於一生奉獻給了教育。執教之餘，她還抽空寫作，出版了好幾種著作，其中有一本《川端康成的心靈美》參考了卌六本書籍才完成，殊爲不易。所以說，她在日本大阪是知名的華文女作家，在當地的報章雜誌上，經常可以讀到她以「張好」爲筆名發表的文章。

張女士的夫婿喬炳南先生，畢業於中國大陸的「北京師範大學」，在日本「京都大學」獲法學博士學位，爲日本帝塚山考古學研究所客座教授，現爲該校名譽教授，譯有日本井上靖等名家作品多種，以「喬遷」筆名出書，他曾送我一本他譯日本名作家井上靖的詩集《星闌干》，由九歌出版。他是我國旅居日本國際間有名的學者，擅長漢詩、漢學日譯，對於中日文化交流有相當傑出的貢獻。

他們倆都愛好文學，精通日文，都有不少中文譯作出版，所以，在日本文學界，尤其是在大阪，有相當高的知名度，無人不曉。

因張慧琴女士最近出版一本《東瀛風光》新書，邀我寫序，使我與他倆結上了文字緣。

## 三、

民國九十年，我將以前發表的「楊貴妃未死在馬嵬坡」的論文，重新複看一遍，發現「楊貴妃流亡日本」確是未在山東出海，而是在揚州出海，並且在日本登岸，因大船失事沉沒，搭「救生小船」漂流至山口縣大津郡的油谷町唐渡口；登岸後，因她生病，又不諳日語，隨同的四名宮女也不懂日語，找不到醫生，就死在該地，該地是一偏僻的漁村，貴妃死後，四名宮女悲痛求告無門，也一起殉葬，所以該墓地，現叫「五輪塔」，五人同葬在一起。

我新寫了「貴妃逃亡去日本的路線」一文，隨同前文，一併出版了「掀開歷史之謎」，將專函寄贈給他們，希他倆指正，並表達了我心中多年的「心願」，就是我想去日本，親自造訪一次「楊貴妃之墓」，希他們能陪同擔任翻譯的工作。

想不到，張女士非常爽快的答應了我請求，我已與旅行社洽妥九十一年五月十二日搭機去福岡，他倆在大阪也搭機去福岡，我們在預訂的旅社會面，開始實現我多年來未能達成的「扶桑之行」。

因文字結緣而結伴同行，眞是人生一大快事，值得一記。

（二〇〇二年五月十一日青年日報刊出）

# 我實地造訪二尊院的收穫

## 一、

看了我寫的「得償夙願扶桑行」一文，大家都知道一九九四年（八十三年）我為了考證楊貴妃的事蹟，就計劃去日本實地查證一番，但沒有找到精通日語的朋友，願伴我同行，只能作罷。

想不到過了漫長的八年，使我認識了女作家張慧琴女士、知名學者喬炳南博士，獲兩人之首肯，使我與七寶旅行社洽妥了赴日行期，並預定了機票及旅社。張慧琴夫婦住在大阪四十年，也未去過楊貴妃的墓，她們樂意陪我去走一趟。我計劃在臺灣坐飛機到福岡，住入預訂的旅社，她們則從大阪坐飛機到福岡，在旅社會晤後，一同向山口縣的油谷町行進。

那知臨出發前，我與張慧琴女士打長途電話聯絡，始知她突因身體不適，生病住院去了。

這一消息，眞使我驚惶失措，不知如何是好？

幸好臨時使我想起了，八年前，與我聯絡去訪日的王孝廉博士，他在福岡市的日本西南大學學術研究所任教，不知隔了八年有否移動？

經過一再的長途電話聯繫，知他仍在該校工作，他表示非常樂意做我的嚮導。原來，我內子柯玉雪，過去在臺南蘇雪林教授歡渡九秩晉五華誕時，曾與王教授見過面，同時她還在書店買過王博士的著作：「神話與小說」，對王教授是久仰了。

一般人去楊貴妃的墓，多半是在博多火車站，先搭乘「新幹線」的火車，到小倉，在小倉下車後，換乘「鹿兒島線」的上行列車，經過「門司」抵達「下關」車站，換搭「山陰本線」上行列車，約需一個半小時，到達「人丸」站，山陰線的車次很少，幾乎一小時才有一班，到「人丸」站下車後，就沒有火車可乘了，要坐公共汽車或計程車，才抵達「二尊院」，楊貴妃的墓地。

八十三年去該地遊覽的何顯斌先生，就用了陸、海、空三種交通工具，才到達目的地，因來不及趕回去，還在村裡唯一的一家小旅館過夜，我這次去，也準備如此行。

但王教授在福岡爲我介紹了一位在北九州州立大學外國語言部任教的葉言材教授，正巧

與王教廉教授（左）蔡言林教授（右）二人合影於油谷田楊貴妃墓前台階上即爲「五輪塔」

他不久前去了一趟「二尊院」，他有車，又熟悉路，願親自駕駛，直接把我與王教授，及小兒姜杰開車送到楊貴妃的墓前，省卻了乘坐火車換車，候車的麻煩，他眞像上帝派來的天使一樣，如我心願的幫我達成了目的。

一來一回，他連續開了七小時以上的車，等於從臺北開到了高雄，眞是疲累不堪，我除了付他油錢外不知該如何謝謝他才好，因爲我與他之前並不相識也。

這一次我實地造訪油谷町二尊院，收穫可謂相當豐碩，除了王教授送我一本日本人村山吉廣所著的「楊貴妃」（日文）外，在墓地我又買了一本阿部閑爺寫的日文「長恨歌」，也才弄清楚：「阿部仲麻呂」，應該寫成「阿部仲麿」才對。《辭海》上說，「麿」是一個日本字，讀若馬陸，爲自稱之代名詞，人名亦多用之，過去日本有一名首相，叫「近衛文麿」，大家都還記得。

日本自孝謙女皇去世之後，藤原家族崛起，歷代均任要職，後來藤原內部兄弟爭權，引起「保元之亂」、「平治之亂」，一直到公元一一八五年，武士平清盛、與功臣源義朝的對立，干戈殘殺，始終未停歇過，相隔了四百多年，唐朝已過去了，才在「二尊院」用花崗岩石，築造了「五輪塔」的墓地。

向津具半島，到了公元一一八五年時，油谷町是平清盛統領的根據地，他與源義朝展開「源平之戰」，結果，平氏敗了，他的妻子兒子都投海自殺，鎌倉幕府末期，才在「二尊院」築造了「五輪塔」的墓地。

可見，楊貴妃並不是一死，馬上就在該地有墳地的。

再說，楊貴妃逃亡去日本，我查到的資料是馬嵬坡事變的第二年公元七五七年，（至德二年）十月廿九日在揚州出發，航行途中大船失事，搭救生小船，日人稱爲「空艫船」的，隨海水浪潮漂流到向津具半島的久津，是十一月十一日，並不是在海上只漂流一兩天就登上岸的。

唐明皇得知楊貴妃逃亡去日本，派陳安送去「釋迦如來」和「阿彌陀如來」二尊佛像，先送到京都的大津郡，置放在清涼寺，過了相當時日，可能好幾年，才複製了兩尊，送到「二尊院」，因此，現在的墓址，就叫「二尊院」。

在日本，我確實聽到不少有關楊貴妃的傳說，過去，小說家南宮搏寫「楊貴妃」的小說時，曾訪問過日本，他發現聽到一些不同的傳說，疑點重重，無法判定眞假，我於「貴妃東渡」一文中，已加解釋，解開了諸種疑點。

有一說，楊貴妃是在「荻町」登陸的，事實上，荻町在油谷町之東，也屬於山口縣，是楊夫人徐氏，在此登岸，荻町有一「長壽寺」。「長壽寺」庭院左邊，有一座「十三石塔」，高約五·四五公尺用花岡岩石造成，塔前有木牌日文說明，這是山口縣的文化財產。

十三塔的第一層，雕有金剛四佛的梵字，地基處，則刻有建造之年月日，唯經過歲月悠久，字跡已磨平，難以辨認了，唯造型也是屬於鎌倉時代後期的建築式樣。

傳說這座「十三塔」，原在「五輪塔」墓旁，後來才遷移到荻町去的。

說是日本人熊谷亦左衛門的墳墓，與楊貴妃無關。

根據日人近藤清石所著的「山口縣風土誌」一書的記載——在大津郡油谷町久津「二尊院」裏的「楊貴妃之墓」早已被一位名爲複本遠江的人遷走；但是，詳細情形並無文字記載，實難以令人採信。

長壽寺的前景

供奉楊貴妃的十三石塔

對於「二尊院」裏的五輪塔，自古以來又有許多的傳說；現在，我大略地介紹長谷川修對「五輪塔」各種傳說的看法，給讀者作一參考——

其一——當平清盛家在壇浦遭到滅亡的悲慘命運時，有一些供奉「草薙劍」的平家殘黨，便逃亡到「二尊院」附近隱居起來；所以，五輪塔可能是平家殘黨中，某位宮女的墳墓，而非楊貴妃之墓。

其二——八木家族一直居住在向津具久津附近，並且，「五輪塔」建於八木家族的墳墓旁邊；八木的姓可以寫爲「楊貴」。所以，五輪塔很可能是八木家族中，某位女子的墳墓。

其三——久津和熊野同樣有「蓬萊之地」的名望，並且，久津「二尊院」中的兩座佛像都非常的莊嚴美麗；再加上楊貴妃和「蓬萊」有關；所以，久津一帶，自然有許多有關楊貴妃的傳說。

其中，某些傳說的由來，和花山天皇的皇妃之墓有關。

忯子是花山天皇的弘徽殿女御，也是一位絕世美女；當她去世之後，花山天皇十分悲傷，最後竟因而讓位，出家爲僧。

因此，人們將花山天皇和忯子間的故事與唐玄宗、楊貴妃相比擬；所以，才會有許多有關楊貴妃的傳說出現。

日本各地到處有稱做「蓬萊」的地方，如熊野、油谷、富士、白山、熱地等地，就不止二、三處。這些地方，都是天然的風景區。

這一次陪同我去「五輪塔」的王孝廉教授，是個研究神話的專家，他送了我一本他寫的：「嶺雲關雪」，是一本民族神話論集，其中論及一些民族的神話信仰與人文傳承，眞是洋洋大觀。

他說：在日本京都，離車站車程約十五分鐘之遙，有一「泉湧寺」，寺中供奉了一座「楊貴妃觀音像」，觀音堂庭前有胡枝子和櫻花，是當地「旅行指南」中，有數的名勝之一。

楊貴妃觀音（京都市泉涌寺所藏）

我很訝異，怎麼到了日本，楊貴妃變成了觀音菩薩，二者合而爲一了呢？

王教授說：這座寺院，原本是皇室的菩提寺；一般稱之爲「御寺」，爲了尊敬楊貴妃，他們將之「神化」了。我們中國人景仰關公的義氣，不是在各地都有「關帝廟」嗎？關公變成了天上神仙一樣，同樣接受人間的香火。

楊貴妃觀音像，是一名日本留學中國，名叫湛海的和尚，他從中國帶回日本的。佛像的寶冠，用唐草雕塑透明，下邊重覆有觀世音的冠，像中的楊貴妃眼睛慈悲微笑，端坐的寶相，栩栩如生。

除了「泉涌寺」的「楊貴妃觀音像」外，「在名古屋的『熱田神宮』中，供奉的『熱田大明神』，據說與楊貴妃，也有關聯。」葉言材教授，補充說下去。

日本人認爲「熱田大明神」，是絕世的美女，楊貴妃就是她的化身。

遠在公元六六三年，日本天智天皇二年時代，日本的百濟救援軍，於朝鮮的白村江，遭遇唐朝及新羅國的聯軍打敗，唐軍挾其戰勝之餘威，本欲一舉進攻日本，最後因路途遙遠，海上作戰不易，而作罷論，那是唐朝高宗皇帝時代的事。

過了幾十年，唐玄宗時代，唐朝開元年間，國勢強盛，有意擴張版圖，想要實現高宗時代末竟之業，很可能出兵來攻擊日本，日本全國上下，被此一謠言困擾，乃派遣唐使來唐敦睦邦交，此外，全國各地百姓，均祈求神明，解危救厄。

結果，熱田大明女神，就化身爲楊貴妃，進入唐玄宗的後宮，以她的美色，迷倒唐明皇，使他忘記了要攻擊日本之計劃。

這些，都是日本中世紀時代，所留傳下來「神話」，我們現在看起來，很可笑，但楊貴妃是熱田大明女神之分身的傳說，在日本的神話世界中，繼續留傳著。

## 二、

白居易寫「長恨歌」，陳鴻寫「長恨歌傳」，是楊貴妃在馬嵬坡縊殺後五十年，唐明皇欲改葬貴妃，卻在其埋葬處未見其骨骸，及後又請臨邛道士鴻都客招魂，云在海外仙山見到了貴妃娘娘。

這在當時，是一轟動社會的大新聞，既曲折又離奇，更弔詭，令人無法猜出孰眞孰假，其謎底究竟如何？

一千二百多年來，當時海上航行交通十分不便，又沒有飛機，又沒有現代這樣發達的傳播媒體，但唐明皇畢竟是一名皇帝，當他於乾元二年（公元七五八年）在興慶宮接見了謝阿蠻與馬仙期，她倆是親眼送貴妃上大船的，他相信貴妃確是逃到了日本，因此很快的派了陳安，送兩尊菩薩到日本去，只是當時因地址不詳，而未能找到。

但楊貴妃未死的消息，在長安市上越傳越盛，原只流傳的一些謠言，也開始發生了轉變。

㈠說貴妃復活後，去到山東嶗山道觀，做女道士修道去之說，已不再有人相信。

㈡說貴妃坐船去日本，是不可能的事，也被否定了。

㈢說埋在馬嵬坡，因「尸解仙去」，更是誑言。

㈣說日本當年對遣唐使人員，進出國境管制嚴格，設有特定港口，楊貴妃等人，沒有「入境簽證」根本不可能登岸。

㈤譚甄適寫的「楊貴妃新傳」，說貴妃臨時沒有搭上去日本的船，她到江陰縣孤山上的「靈清觀」去修行去了，能使人相信嗎？

㈥四川大學的馮漢鏞教授，因發現「安祿山史實石刻」認爲楊貴妃復甦後，隱居在四川營山的大蓬山。他把石刻的照片

作者在「五輪塔」前說明牌前留影

拓印寄給我看，但石刻之年代與史實不符，且安祿山從未入蜀，再說在深山中鑿一佛龕，一般人無此財力，再說該處十分隱僻，貴妃不可能一個人千里迢迢不食人間煙火，到此深山隱居，實在疑點重重，難以令人信服。

(七)有人說貴妃嫁給了蕃人爲妻，所以在日本才有她的後裔出現。

不過，我這一次去日本實地造訪，在日本二尊院，關於楊貴妃，也聽到許多不同的說法，有如上述，不再重複。

(一)我發現：「五輪塔」前的日文說明，十年前姜卓俊來訪時，說有兩塊木板，這一次我去造訪，只看到一塊木牌如照片。

其中的文字說明在中國死去的楊貴妃是替身侍女，眞正的楊貴妃，在皇帝親信的護送下，在海上乘船逃走，漂流到向津具半島的唐渡口，不久之後因病身亡。

這與當時的事實眞相，是有所出入的。

所謂皇帝的親信護送，那會是誰呢？貴妃是因徐氏母子的影響，及遣唐使藤原刷雄的邀請，才乘船去日本，她是沒有「入境簽證」，但藤原刷雄的政治背景，是強有力的，既然他邀請，自可順利入境，那會想到半途失事，所以才由「空艫船」，順著潮流在油谷町久津登岸，如今，該地叫「唐渡口」，也是因她而得名。

至於「五輪塔」墓地，姜卓俊說規模不大，確是事實，因爲我們看我所拍的照片，可以發現它的後面及左方，都有別人的墳墓，也葬在此處。

姜杰與作者攝於「五輪塔」前

附近一個人之石塔與上圖可對照

作者與姜杰攝於「二尊院」前，二尊菩薩在屋內，觀光客須脱鞋始能入内。

王孝廉教授（中）與作者及葉言材教授（左）攝於楊貴妃石像前。

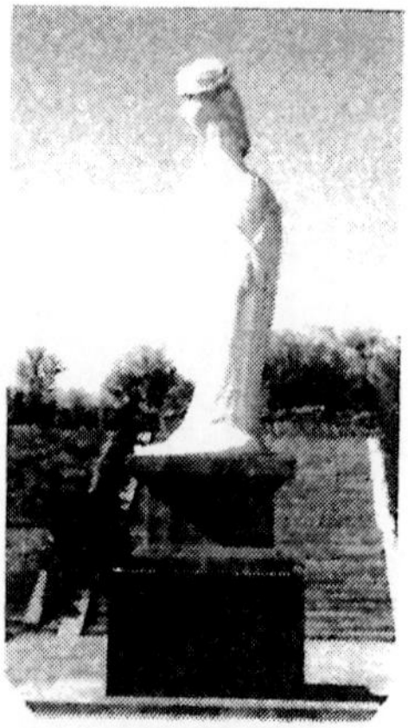

陝西省馬嵬坡石像
與日本之石像相像

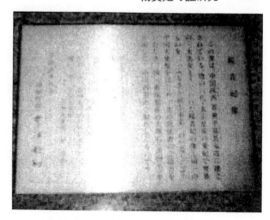

日本之楊貴妃石像前之文字說明

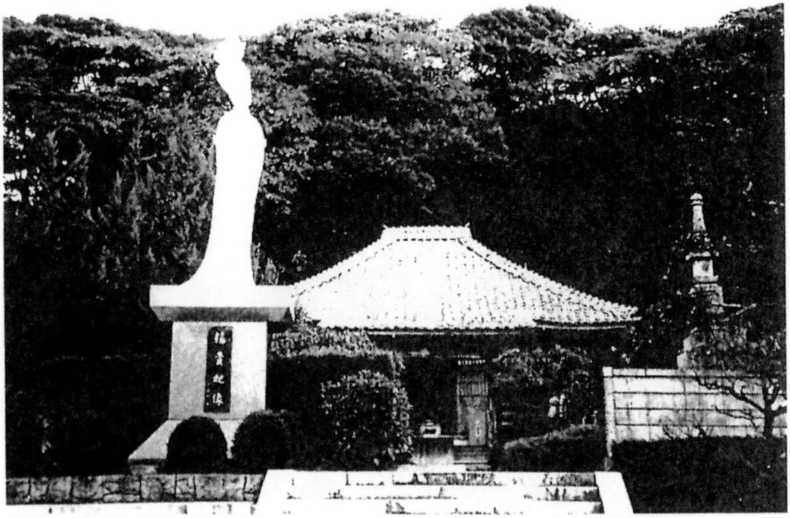

日本山口縣油谷町　楊貴妃之墓

再說，它有五座石塔，就表示墓中葬了五個人，若只葬一個人，如下圖，就只有一座石塔，五個人，就是除了貴妃以外，還有四位宮女一起殉葬，才埋在一起。大家不妨仔細看一看，五輪塔中間的主塔較大，在四週的四座石塔較小，宮女的石塔當然不可能與貴妃的石塔一樣大，這充分證明貴妃確是死後葬在此地的最有力的「鐵證」，決非誇大其詞的說法。當年謝阿蠻、馬仙期親　眼目送她們五人一起上船的，阿蠻與仙期向唐明皇稟告後，他才知道楊貴妃確是到了日本。

㈡五輪塔墓地後方，有一間屋子裡面供奉著二尊菩薩，也就是「二尊院」，我們去的時候，鐵門是上鎖的，經王教授與管理人員說明來意後，他才開鎖讓我們進去。我付了一千元日幣的香油錢，他才點上香，要我們向菩薩膜拜，並在一旁用日語向我們介紹二尊菩薩的來歷。

我仔細觀察，發現屋內光線並不十分明亮，就在院門口攝影留念。按照規定，進入院內，一律要脫鞋的。

菩薩本身並不大，只有一般人三分之二高，黑色並沒有漆金，屋子牆壁是用木板釘造的，年代並不古老，雖說這是珍貴的國家文物，但我可肯定，決非鎌倉幕府時所造，是近年由古剎中遷此所新建的。

我在二尊菩薩前，默默思索、冥想很久，發現，這是證明楊貴妃確是死在日本，最強有力的「鐵證」，爲什麼這樣說呢？因爲若是楊貴妃沒有到日本，唐明皇會無緣無故送二尊院二尊菩薩到日本去嗎？唐明皇因爲道士說貴妃的魂在海外仙山，才送去嗎？不可能的，他是聽了謝阿蠻向他的稟告後，才這樣做的。

㈢墓地左方，有一高大的「楊貴妃」石像，我與兩位教授，也在石像前攝影留念。石像，我們可以看出，比眞的人大多了。我在日本出版的「中國語」課本上，看到在大陸陝西省興平縣的馬嵬坡，也有一座與這一模一樣，同樣大小的石像。

可能是由同一雕刻家的作品，由大陸美術學術學院所完成。

石像前，有一塊大理石襯底的日文說明牌。

過去，南宮搏訪日時，說楊貴妃到日本後，日本的孝謙女皇，曾接見她，以貴賓之禮邀請他參加櫻花節慶典，觀賞歌舞，這是完全不正確的。

至於日本人說，「五輪塔」內，是平清盛家族某宮女的墳墓，八木家族某位女子之墓，都是牽強附會的無稽之談；至於把楊貴妃神化，與觀音菩薩合在一起，又說她是熱田大明女神的化身，也只有日本人才會深信不疑。

總之，我這次訪日之行，眞是衷心感謝：王孝廉博士、葉言材教授兩位的鼎力相助。同時，我也澄清了一些不實的傳說，證實楊貴妃確是死在油谷町，埋葬在「五輪塔」的墓地，這是無庸置疑的事實眞相。再說日本人也考證檔案資料，確定楊貴妃是葬在該處，才化了五億日幣，在該處修築墓地的。

（二〇〇二年五月二十日訪日歸來後脫稿）

# 中日當年的政治動態

## 一

這裡，我想將公元七五六至七七〇年間，也就是楊貴妃逃亡去日本前後的時代背景，向大家作一番說明，俾對當年的歷史事件，有一深入清晰的瞭解。

## 二

先說日本方面：日本的文化，遠落後中華。在公元廿五年，日本向我國漢朝朝貢，漢光帝稱日本爲「倭國」，賜一「漢倭奴國」之金印，日人視爲至寶，公元二世紀時，日本島上各小國混亂交戰，產生了一位邪馬台女王國，仍遣使來華，那時，還沒有文字、文化，公元三世紀後期，開始學習漢文在奈良地區建立了「大和國」，與我交往，仍自稱倭王。

到了六世紀，倭國推古女王，派使臣來華遞送國書，要求今後改稱他們爲「日本」國，倭國名稱他們覺得實在不雅。

六七〇年唐高宗時，派了大批遣唐使、留學生，來華學習政、經、社會各方面的文化。所以說，日本因其文化遠落於中國，所以政治那時也經常動蕩不定。

公元七一〇年至七八三年，日本稱之爲「奈良時代」，亦是元明天皇至桓武天皇統治的時期，根據日本歷史記載：一再的政變、內亂頻起，一直擾攘不安。

公元七五五年開始，唐朝發生「安祿山之亂」，而楊貴妃逃亡去日本時，爲孝謙女皇（孝謙女皇中國史書稱爲孝明女皇）當政時期，也是日本天平時代的後期。

孝謙女皇父親是聖武天皇，母親是藤原光明子皇后，所以她任用藤原仲麻呂執政，藤原一族掌握了朝中大權。引起另一大貴族橘氏失勢，不滿。就在中國安祿山之亂發生後不久，暗中聯合了其他不滿藤原的失意政客，發動政變。

橘氏的代表人物，包括：左大臣橘諸兄的兒子奈良麻呂、大伴氏的大伴古麻呂，大豪族佐伯氏的佐伯全成，還有右大臣藤原豐臣，他們聯合在一起，就是要推翻孝謙女皇，另立天皇，但是，因事機不密，還沒動手，孝謙女皇事先得到有人通風報信，先發制人，圖謀政變的四百餘人被捕一網打盡，穩住了孝謙的江山。

政變是平息了，但餘波蕩漾，女皇發佈了戒嚴令，藤原仲麻呂，也暫時採取寬大政策、安定民心。在朝鮮半島的新羅國，有發兵侵日的動向，女皇命吉備眞備整軍，預備必要時與新羅開戰。幸不久，大唐的戰亂好轉，官軍收復長安、洛陽，李亨的肅宗皇權，穩住了。

翌年，孝謙女皇覺得政治不簡單，決定把王位傳給太子，自己做了太上皇，捨去了天皇的名位後，權力受到挑戰，昔日輔佐她的執政大臣藤原仲麻呂與之起了磨擦，她兒子做了天皇則附和仲麻呂與之對立。

孝謙心有不甘，聯合道鏡禪師，與之對抗。

公元七六二年，唐朝的太上皇玄宗和肅宗皇帝相隔十三天，先後逝世，這時，日本的藤原仲麻呂，在朝中鬥不過孝謙太上皇，他的權力已危機四伏，孝謙太上皇祇能在朝中壓抑他的作爲，而無法將之除去而後快，因爲，藤原暗中，他仍握有不容小視的實力。

藤原仲麻呂，在朝日久，不願老是受到孝謙的壓抑，計劃動用武力來解決孝謙。

公元七六三年，日本終於發生了更大的改變，像安祿山一樣，藤原仲麻呂出兵叛亂起來，他鑒於在平城京無法爭回大權，便到自己的有利據點：越前起兵，侵入越前與奈良之間的近江國，擁立鹽燒天皇，與奈良的孝謙太上皇兵戎相見。

這一仗，孝謙太上皇在軍事上先有了佈局，近江與奈良之間，有伊勢、伊賀和山城三地，環形拱護著奈良都，孝謙指揮軍隊，自伊勢和山城兩路出兵，以鉗形攻勢進入近江，交鋒結果，把藤原的主力前鋒擊潰打敗。

藤原仲麻呂，終於嚐到失敗的滋味，他在湖邊切腹自殺不及，被孝謙的軍隊殺死。

孝謙太上皇在戰勝之後，把傾向仲麻呂的淳仁天皇，也就是她的兒子，廢了王位，囚禁起來，完全仿照唐朝的方式行事。次年，公元七六四年，孝謙女皇正式復位，改稱德天天皇，但年號仍用天平寰宇。到七六五年，才改年號爲天平神護。

這一年，又發生了一次內戰，那是和氣王叛變，結束，未能成功，仍被孝謙天皇敉平了，孝謙不愧是女強人。

和氣王事件之後，政局仍未安定，道鏡禪師在朝中攬權，替代了藤原仲麻呂的位子，掀風作浪，他不把孝謙女皇看在眼裡，他以太子之位未定，圖謀篡位，自稱天皇，公元七七〇年，又被女皇完全粉碎擊潰，女皇任命：藤原永手、吉備眞備爲左、右大臣，協助她執政。女皇雖屢屢獲勝，但這一年，天不假年，她還是離開了人世。嗣位的是光仁天皇，依然變亂頻繁，動蕩不已。……

有人說楊貴妃逃亡去日本後，曾協助孝謙女皇推行政務，敉平戰亂，那是不可能的事，楊貴妃不諳日語，又一向不介入政治，可能是楊國忠的長媳徐氏，因她由藤原刷雄陪同，可能見到了孝謙女皇，受到貴賓的禮遇，但介入政務，做幕後參謀，也難以令人相信，因爲她也不精通日語，怎會贏得女皇的信任。

## 三

現在，我將唐朝玄宗後期的政治動亂情形，略作介紹。

唐玄宗二十八歲登基作王，至七十二歲仍不想放棄王位，其子李亨急了，暗中策動馬嵬坡兵變，玄宗這才讓王位給他，安祿山作亂時，他派了永王、盛王、豐王，出任大都督，想與肅宗對抗，其餘各王見父王大勢已去，未有應命，僅永王招兵買馬，向東進攻，李亨不顧兄弟之誼，將永王俘獲後，即殺之，毫無絲毫兄弟親情可言。唐玄宗共有卅名太子。

接著要說的，就是雜胡安祿山所發起的叛亂。

《舊唐書》、《新唐書》、《資治通鑑》有「祿山傳」、「逆臣傳」對安祿山這個人都有記述，我在「安祿山與楊貴妃」一節中，也有述及，爲了避免重複，茲將其涉及叛亂的部份，再加以補充而已。

我們知道唐朝兵力不足，而邊境經常受到突厥、契丹等少數民族來侵擾，多半僱用一些游牧異族來守備邊境。當時的宰相李林甫乃建議皇上，用胡人取代漢將，將更得軍心，於是一些節度使，都換成胡人出任，安祿山能脫穎而出，也可以說是時勢造英雄。

安祿山年輕時，能通六種蕃語，做互市牙郎，也就是能言善道的交易掮客，他擅長拍馬奉承，虛假僞裝，爲討好唐玄宗，取得其信任，他使出各種花招手段。

有一年，他聽到一些消息，就告訴唐明皇說：「今年的考試有點不公平。御史中丞張倚的兒子張奭，他連菽麥都不分，竟然以優異的成績高中，街頭巷尾都在傳說，考官苗晉卿和宋遙在討好張倚。」

唐玄宗認爲考試作弊，會埋沒人才，非同小可，決定在興慶宮，親自主試重攷一次。

六十四名及格者，就聚合在「花蕚樓」，重考了一次，結果及格的，不到百分之二，那位張倚的少爺張奭，在考場只會擰弄試卷，一個字也寫不出，繳了白卷。

所謂「菽麥不分」，菽是豆類的總稱，豆子和麥子都分不清楚，顯然程度太差，只能繳白卷。

此事，苗晉卿和張倚都因而革職，留爲笑柄。而安祿山這一狡猾的狐狸卻因而贏得了聖上對他的信仰，認爲他雖是胡人，對朝廷卻忠貞不二。

他是一個大胖子，但在唐明皇面前跳胡人的「胡旋舞」，卻身輕如燕，獲得上下一致好評。見楊貴妃受寵，就拜見皇上時先拜貴妃，帝怪問他，他就說：「蕃人先母後父」。

他長貴妃十六歲，自願讓貴妃在他生日包在繈褓中，充是養兒，這種厚顏無恥的行爲，也只有胡人安祿山做得出來。

他想謀反的心，別人都有看出，獨唐玄宗糊塗到底，始終對他的忠誠，深信不疑。他作亂後，玄宗讓出了王位，李亨在靈武登基是爲肅宗。玄宗成了太上皇。

公元七五五年，安祿山發動十五萬兵馬，在蒼陽起事作亂，第二年，在洛陽接位，自稱大燕皇帝。

楊國忠、楊貴妃都因他而死，但他也沒有活多久，他稱皇後想立側室段夫人所生之子安慶恩，取代安慶緒爲太子，但事機不密，其子安慶緒策動他的親信嚴壯及其貼身宦侍的（閹人）李猪兒合力用刀將之砍殺，結束了性命。死時，五十五歲，時在公元七五七年。肅宗、太上皇已返都。

安祿山死後，其部將史思明繼續作亂，安慶緒追隨左右，成了副將，史思明一席兵敗，向唐軍清降，但不久又繼續謀反，公元七五九年，史思明攻下魏州，自稱燕王。在一次戰役中，史思明大敗唐軍，攻入鄴城，殺了安慶緒。

因連年戰亂，民不聊生，民眾對肅宗無好感，懷念玄宗時之太平日子，有意促成玄宗復登王位。肅宗恐成事實，乃硬逼玄宗遷入西內太極宮，宦官李輔國，有意派人於途中將玄宗殺害，幸高力士在旁護駕，謀殺未成。不久，高力士被外調，玄宗始終在太極宮內受李輔國監視行動。

史思明之子史朝義、史朝清均爲其父，與唐軍對抗，結果，公元七六一年，史思明以史朝義攻擊陝州失敗爲藉口，想改立史朝清爲繼承者，結果，他也和安祿山一樣，被自己的兒子史朝義的部下幽閉縊死，史思明死後，由史朝義繼承皇位，但得不到安祿山舊將的幫助，終被唐軍所敗，時在公元七六一年。

七六二年，唐肅宗，太上皇相繼駕崩去世，相隔僅十三天，有人懷疑是宦官暗中下毒手，先害死太上皇，恐其會復位。對他不利。唐軍田神功大敗史朝義，史朝義求助回紇被拒，回紇反援助唐軍作戰。肅宗死後其子唐代宗接位。

這一年唐軍先破史朝義，收復洛陽，史朝義敗退至安祿山起義地——范陽。

七六三年范陽節度使李懷仙投降唐軍，史朝義窮途末路，被范陽節度使李懷仙追殺，結束了可怕的「安史之亂」，前後，在唐朝亂了九年之久。

安祿山自范陽開始作亂，結果他死在兒子手中，史思明又殺了安慶緒，結果自己也死在自己兒子手中，最後他兒子史朝義，也死在范陽，冥冥之中，眞是因果輪迴，歷歷不爽。

## 四

看完了中日兩國當年政治動亂，紛擾不安的情景，對於那些追求權勢和王位的人來說，歷史眞是一面最好的鏡子：可以瞭解「政治」，眞是殘酷無情，可以不分父子、母子、君臣，爲了奪取王位，可以迅即變成仇敵、殺手。但不論成敗，人最後都難逃一死！只是在歷史上留下了醜惡的一頁，令人感嘆婉惜。

# 唐玄宗楊貴妃大事紀

| 西曆 | 年號 | 年齡 貴妃 | 年齡 玄宗 | 唐玄宗楊貴妃大事記 |
| --- | --- | --- | --- | --- |
| 七一二 | 先天元年八月 | | 二八 | 三日，睿宗第三子李隆基（玄宗）接受父親禪位。 |
| 七一三 | 開元元年一月 | | 二九 | 「開元之治」開始，玄宗任姚崇、宋璟爲相。 |
| 七一七 | 開元元年十月 | | | 阿部仲麿（二十歲）以留學生的身份來到唐朝學習（二十一歲至二十九歲在大學受教八年。） |
| 七一九 | 開元七年一月 | 一 | 三五 | 楊貴妃出生於容州，幼名玉環。養父楊玄琰爲蜀州司戶（書記）。 |
| 七二〇 | 開元八年 | 二 | 三六 | 建造興慶宮勤政務本樓。<br>玄宗十八子壽王瑁出生。 |
| 七二一 | 開元九年十月 | 三 | 三七 | 阿部仲麿通過唐朝國學科舉，授左春坊司經局校書 |

| | | | | |
|---|---|---|---|---|
| 七二三 | 開元十一年 | 五 | 三九 | 興建溫泉宮。 |
| 七二四 | 開元十二年 | 六 | 四十 | 廢皇后王氏爲庶人。李白時年二十四歲，爲王皇后而作古風「蟾蜍篇」。 |
| 七二五 | 開元十三年<br>十一月 | 七 | 四一 | 玄宗遴選朝臣源光裕等十一人爲各州刺史。<br>舉行封禪的儀式（在泰山祭天，在晉州的小丘梁父祭地，稱爲「禪」）。 |
| 七二六 | 開元十四年<br>十二月 | 八 | 四二 | 擴建興慶宮。<br>肅宗的長子代宗，出生於洛陽。（母吳后） |
| 七二七 | 開元十五年<br>二月 | 九 | 四三 | 張說致仕。<br>授張九齡爲太常少卿，接著任冀州刺史，再轉任洪州刺史，移至桂州，兼嶺南按察史。 |
| 七二八 | 開元十六年 | 十 | 四四 | 玄宗將朝政從大明宮，移往興慶宮。 |
| 七二九 | 開元十七年<br>六月 | 十一 | 四五 | 玄宗的皇后元執楊氏薨。<br>源乾曜轉任左丞相，宋璟、張說同爲右丞相。 |
| 七三三 | 開元二十一年 | 十五 | 四九 | 以蕭嵩爲右丞相，韓休爲檢校工部尚書、京兆尹， |

| | | | | |
|---|---|---|---|---|
| | 十一月 | | | 裴耀卿爲黃門侍郎、同中書門下平章事兼檢校中書侍郎，張九齡（時年六十九歲）爲中書侍郎、同中書門下平章事。 |
| 七三四 | 開元二十二年 | 十六 | 五十 | 阿部仲麿成爲第十二皇子儀王之友（親王府左敬騎常侍）。 |
| | 二月 | | | 方士張果自稱擁有神仙之術，玄宗以璽書迎接張果。 |
| | 五月 | | | 以裴耀卿爲侍中，以張九齡爲中書令、同中書門下平章事，以李林甫爲禮部尙書、同中書門下三品。 |
| | 十一月 | | | 楊玉環以女官的身份，進入壽王府的官邸。 |
| 七三五 | 開元二十三年 | 十七 | 五一 | 貴妃在壽王府學習音樂、舞蹈。 |
| | 十二月 | | | |
| 七三六 | 開元二十四年 | 十八 | 五二 | 罷免張九齡黃門侍郎、同中書令之官職，轉任尙書右丞。 |
| | 十月 | | | |
| | 十一月 | | | 安祿山爲范陽節度使張守珪的部下。 |
| 七三七 | 開元二十五年 | 十九 | 五三 | 廢前太子（李瑛），二皇子（李琚、李瑤）合計三人。不久，賜死。（楊洄策謀） |
| | 四月 | | | |

| | | | | |
|---|---|---|---|---|
| | | | | 楊洄是武惠妃的女兒（壽王的姊姊咸宜公主）的夫婿。 |
| | | | | 張九齡由尙書右丞左遷爲洪州大都督府長史。不久，在南方的故里去世（六十八歲）。 |
| | 十二月七日 | | | 武惠妃（四十歲）過世。 |
| 七三八 | 開元二十六年<br>二月 | 二〇 | 五四 | 舉行武惠妃的葬禮，葬於長安東方四十華里的驪山南山東麓的敬陵。謚爲貞順皇后。 |
| | 三月<br>六月 | | | 冊立忠王（李嶼）爲皇太子。這一年，張九齡左遷於荊州，以李林甫爲宰相，領隴右節度副大使兼范陽節度使。此後，開始展開專制政治。 |
| 七三九 | 開元二十七年 | 二一 | 五五 | 以李林甫爲吏部尙書。 |
| | 四月 | | | 張守珪逝世。 |
| 七四〇 | 開元二十八年<br>十月 | 二二 | 五六 | 十月一日，玄宗行幸溫泉宮。召楊玉環，令她以女道士的身份，住進諦眞觀，號太眞，宮中稱呼她爲「娘娘」。 |
| | | | | 十月十八日，唐玄宗還幸長安。 |
| | | | | 高力士視察廣南，帶回梅妃。 |
| | | | | 這一年，張九齡逝世。李白四十歲，孟浩然（五十 |

| | | | | |
|---|---|---|---|---|
| | | | | 二歲）因痔而歿。 |
| 七四一 | 開元二十九年 | 二三 | 五七 | 西突厥滅亡。任安祿山爲平盧兵馬使。<br>以安祿山爲營州都督、平盧軍使、兩蕃等四府經略使。 |
| | 五月 | | | 玄宗令人繪製元元皇帝的圖像，安置於各州的元元館。<br>杜甫（三十歲）有一首詩「冬日雒城謁元元皇帝廟」。（洛陽城） |
| 七四二 | 天寶一年 | 二四 | 五八 | 迎接第二次的上元節。楊玉環參觀女院。 |
| | 三月 | | | 以安祿山爲平盧節度使。（遼寧省）。<br>秋，李白（四十二歲）在道士吳筠的推薦之下，被召入朝廷。受到（翰林供奉）賀知章的禮遇。<br>阿部仲麿（四十五歲）在長安與李白相識。 |
| | 八月 | | | 十五日，羅公遠邀玄宗前往月宮，創作「霓裳羽衣曲」。 |
| | 十二月 | | | 隴右（甘肅省隴西縣附近）節度使皇甫惟明，大破吐蕃於青海。接著，河西節度使王倕也打敗吐蕃。<br>在平盧置節度使，安祿山爲第一任平盧節度使。 |

| | | | | |
|---|---|---|---|---|
| 七四三 | 天寶二年一月 | 二五 | 五九 | 正月，安祿山入朝，任驃騎大將軍。<br>春日時分，楊玉環以女侍的身份，返回故里。<br>春，杏子之葉的幻想，張永來訪。 |
| | 三月 | | | 李白作了「宮中行樂詞」八首、「清平調」三首，來稱頌牡丹。<br>將長安的玄元宮，改稱爲太清宮。 |
| | 四月 | | | 皇甫惟明破吐蕃於洪濟城。 |
| 七四四 | 天寶三年一月 | 二六 | 六〇 | 晚春，李白被逐出京城。<br>安祿山兼任范陽（河北省）節度使、河北採訪使。<br>將年的稱呼改爲「載」。（正月丙甲朔） |
| 七四五 | 天寶四年七月 | 二七 | 六一 | 以韋昭訓的女兒爲壽王妃。 |
| | 八月 | | | 冊立楊太眞爲貴妃。進見玄宗當天，演奏「霓裳羽衣曲」。慶祝獲得貴妃，而在鳳凰園創立「得寶子」這首樂曲。楊貴妃乘馬時，高力士經常爲她牽著馬轡繩。<br>楊氏一族皆升官進爵，備受恩寵。楊國忠由蜀地進京，出入宮中。 |

| | | | | |
|---|---|---|---|---|
| | | | | 楊貴妃越來越驕，玄宗從嶺南運來荔枝供她享用。<br>安祿山破契丹。<br>杜甫（三十四歲）作詩：「虢國夫人」「麗人行」。李白（四十五歲）創作「秋月獨坐懷故山」、「古風第三十七」、「古風第五十一」、「放後遇恩不霑」等詩篇。<br>以劍南節度使章仇兼瓊爲戶部尚書。 |
| 七四六 | 天寶五年一月 | 二八 | 六二 | 以隴右（甘肅省隴西縣附近）節度使皇甫惟明兼任河西節度使。 |
| | 七月 | | | 楊貴妃因忌妒梅妃，觸怒了玄宗，玄宗命她回堂兄楊銛的官邸。<br>在高力士的調解下，楊貴妃當天返回後宮。<br>姑姑裴氏，建造太眞女冠觀，後來（七六二年）改爲太眞觀。 |
| 七四七 | 天寶六年 | 二九 | 六三 | 從此時起，楊貴妃一族，享不完的榮華富貴，驕慢到了極點。<br>溫泉宮改名爲華清宮（儲光義有「述華清宮」，杜甫有「洞房」、「驪山」等作品）。 |

| | | | | |
|---|---|---|---|---|
| | 十月 | | | 安祿山成爲楊貴妃的養子，與楊貴妃的堂兄弟、姊姊約爲兄弟姊妹。<br>賜李林甫開府儀同三司。<br>另以安祿山爲御史大夫，特加恩寵。此時，安祿山已心懷謀反的意圖。 |
| 七四八 | 天寶七年 | 三〇 | 六四 | 楊貴妃的三個姊姊，分別封爲韓國夫人、虢國夫人、秦國夫人。 |
| | 十一月 | | | 以高力士爲驃騎大將軍。賜安祿山鐵卷。 |
| 七四九 | 天寶八年 | 三一 | 六五 | 楊釗就任爲御史大夫、權京兆尹，授金紫兼權太府卿。 |
| 七五〇 | 天寶九年正月 | 三二 | 六六 | 安祿山的生日，玄宗特別恩賜。之後三日，玩「三日洗兒」的遊戲。<br>安祿山入朝，獻上八千名俘虜。又封安祿山爲東平郡王，加封河北採訪處置使。楊釗賜名國忠。楊釗、三國夫人來新豐與楊貴妃相會，玄宗賜他們溫泉浴。 |
| | 二月 | | | 楊貴妃二度觸怒玄宗（吹奏寧王的玉笛），被趕出皇宮，遷回外邸。再在高力士的調解下，返回宮中。 |

| | | | | |
|---|---|---|---|---|
| 七五一 | 天寶十年一月 | 三三 | 六七 | 李白作「尋陽紫極宮感秋作」、「雪讒詩贈友人」。<br>高力士興建保壽寺。<br>爲安祿山建造官邸親仁坊。<br>此外，楊貴妃與五家舉行夜宴，僕從與廣寧公主（母薰芳儀）的僕從相爭。<br>以楊國忠爲劍南節度使。 |
| | 九月 | | | 臣下獻「合歡果」，玄宗與貴妃其樂融融。<br>安祿山兼任河東（山西省）節度使，討伐並大敗契丹。 |
| 七五二 | 天寶十一年<br>十一月 | 三四 | 六八 | 原本要派遣楊國忠前往蜀地鎭壓南詔，因宰相李林甫身亡，而由楊國忠代爲宰相（右相兼文部尙書），並兼任四十餘使。<br>藤原清河、副使大伴古麿和吉備眞備等共二百二十餘人，搭乘四艘船出發。在長安謁見玄宗皇帝後，踏上歸國之途。藤原清河向玄宗取得出境許可，與阿部仲麿一起前往揚州的延光寺，懇求鑑眞和尙東渡日本弘揚佛法。以阿部仲麿（五十六歲）爲秘書監。玄宗作「送日本使」詩。以阿部仲麿爲衛尉卿。 |

| | | | | |
|---|---|---|---|---|
| 七五三 | 天寶十二年 | 三五 | 六九 | |
| | 十一月 | | | 歸國的四艘日本船全都出海後，遭遇風浪而四散。第三艘船於孝謙天皇天平勝寶五年，第二艘船於天平勝寶六年均返抵日本。搭乘第一艘船的藤原清河與阿部仲麿遠飄至安南，十多人經由陸路回到長安。已是七五五年六月。<br>楊貴妃與楊國忠、虢國夫人同車。在楊國忠家中與三國夫人相會，然後前往華清宮。<br>杜甫在「麗人行」這首詩中，強調楊氏一門的豪奢生活，並詠歎「虢國夫人」的美貌。 |
| 七五四 | 天寶十三年 | 三六 | 七〇 | |
| | 一月 | | | 丁酉朔日，玄宗駕臨華清宮的「觀月樓」，接受群臣的朝賀。 |
| | 正月三日 | | | 安祿山之子安慶緒來到華清宮向玄宗獻上俘虜。<br>楊國忠升遷爲司空，他向玄宗上奏：安祿山有謀反之意，玄宗不信。 |
| | 正月九日 | | | 安祿山入朝，加封尚書左僕射，實封千戶，賜奴婢十房、莊宅一區。 |
| | 二月 | | | 安祿山兼任閑廄、五坊、宮苑、隴右郡牧都使，以 |

| | | | | |
|---|---|---|---|---|
| | | | | 武部侍郎吉溫爲副官，返回范陽決心謀反。 |
| 七五五 | 天寶十四年 | 三七 | 七一 | 河西節度使哥舒翰奏請前封丘蔚高適爲掌書記。 |
| | | | | 秋，晝夜下雨不停，達六十日之久。 |
| | | | | 楊貴妃生日，在華清宮演奏新曲「荔枝香」。 |
| | | | | 以袁思藝、高力士同爲內侍監（正三品）。 |
| | 六月 | | | 藤原清河與阿部仲麿經由陸路返回長安。 |
| | 十一月 | | | 杜甫在「自京赴奉先縣詠懷五百字」中，隱諷楊氏一門的奢侈生活。 |
| | 十一月九日 | | | 安祿山率領十五萬將士，以誅殺楊國忠爲名，在范陽造反，「安史之亂」開始。玄宗任命伊西節度使封常青爲范陽平盧節度使，九原郡太守郭子儀爲朔北軍節度副大使，右羽林大將軍王承業爲太原尹，衛尉卿張介然爲河南節度採訪使，右金吾大將軍程千里爲上黨郡長史，征伐安祿山。 |
| | 十一月二十日 | | | 以榮王（玄宗的第六子，母爲劉妃）爲東征元帥，高仙芝爲副官。 |
| | 十二月十二日 | | | 洛陽淪陷。 |
| | 十八日 | | | 任命哥舒翰爲太子先鋒副元帥，守備潼關。 |

| | | | | |
|---|---|---|---|---|
| 七五六 | 天寶十五年 | 三八 | 七二 | 安祿山即位自稱爲大燕皇帝，年號聖武。 |
| | 正月 | | | 遣唐使高元度等人入唐。 |
| | 六月九日 | | | 哥舒翰爲賊軍所敗，潼關陷落。 |
| | 六月十日 | | | 龍廷隊憤然而起。 |
| | 六月十三日 | | | 凌晨，玄宗帶領皇族、楊貴妃、楊門一族及百官準備逃往蜀郡。 |
| | 十四日 | | | 楊國忠在馬嵬坡被殺，接著楊貴妃被縊死於佛堂，其一族全部遭到處死。在馬嵬驛之西不到一公里處的道路北側，挖掘坑洞埋葬楊貴妃的屍體。龍廷隊解散。 |
| | 十五日 | | | 玄宗等人在陳倉投宿。 |
| | 十六日 | | | 楊貴妃死後復甦，由舞孃謝阿蠻及宮女四人，一同逃亡，先抵襄陽，找人未遇及後從水路經漢口，抵達揚州。在扶風縣城留宿。十七、十八日投宿於扶風郡。二十日至鳳翔。 |
| | 十七日 | | | 長安淪陷安祿山之手。 |
| | 七月二十八日 | | | 玄宗到達蜀郡，他不知貴妃已復甦。隨從一千三百人，宮女二十四人。 |

| | | | | |
|---|---|---|---|---|
| | 十一月 | | | 唐明皇自成都返長安，欲隆重改葬楊貴妃，左右勸阻，啓瘞埋場，發現空穴，僅有一枚香囊。唐明皇知道楊貴妃未死後，急派人去馬嵬坡打聽，在古廟探得老道口中得知貴妃已逃亡至山東嶗山，乃派張三丰及王旻二人至山東嶗山尋找。 |
| 七五六 | 至德元年七月十二日 | | | 肅宗李亨在靈武即位，玄宗成爲太上皇。年號改爲至德元年。 |
| | 至德元年八月一日 | | | 玄宗一行人進入成都。遣唐使藤原清河與阿部仲麿也隨行。八月十一日，肅宗的使者從靈武至成都。 |
| 七五七 | 至德二年十月 | 三九 | 七三 | 安祿山被次子安慶緒所殺。 |
| | 正月 | | | 廣平王李俶率軍光復長安、洛陽。史思明請願降唐。 |
| | 十月二十九日 | | | 二十九日楊貴妃在揚州遇徐氏母子，又與日本遣唐副使藤原刷雄相遇，乃於揚州搭遣唐使船隻一起赴日。途中大船失事，楊貴妃搭救生小船於十一月十一日漂流至日本的油谷町的久津，不久病死於該地。 |
| | 十一月 | | | 肅宗、太上皇還都。 |

| | | | |
|---|---|---|---|
| 七五八 | 乾元一年<br>十二月 | 七四 | 史思明又再造反。<br>廣平王李俶被立爲太子，改名爲李豫，後接王位爲代宗。 |
| 七五九 | 乾元二年 | 七五 | 太上皇聞楊貴妃未死已逃亡日本，乃派陳安送二尊菩薩到日本京都，但未找到貴妃死處。<br>高原度入唐以迎回遣唐使藤原清河。<br>史思明在錦州稱燕王，大敗唐軍，安慶緒亦爲史思明所殺。<br>王維六十一歲過世。 |
| 七六〇 | 上元元年 | 七六 | 肅宗恐玄宗復位，令宦官李輔國送太上皇遷西內，途中，李輔國派刺客以鐵槌欲將玄宗謀殺，幸高力士護駕，嚇阻刺客放下兇器，使太上皇未遇害，但高力士因之遭到流放。<br>唐玄宗爲思念楊貴妃，召來臨邛道士尋覓其芳蹤，道士在海外仙山見到楊貴妃的魂魄，並透露太上皇也不久人世之天機。 |
| 七六一 | 上元二年 | 七七 | 史思明被其子史朝義部下所殺。 |

| | | | | |
|---|---|---|---|---|
| 七六二 | 上元三年四月 | | 七八 | 太上皇在西內神龍殿應驗道士所言駕崩（謚號爲至道大聖大明孝皇帝）。相隔十三天，肅宗也病逝駕崩。 |
| 七六三 | 寶應元年四月二十日 | | | 代宗即位。 |
| | 寶應二年三月 | | | 高力士在巫州見二帝遺詔，吐血而死。<br>原本要來迎回遣唐使藤原清河的高元度，未獲允許入唐，空手而返。<br>史朝義敗退范陽，翌年被范陽節度史李懷仙追殺死去。「安史之亂」遂告結束。 |
| 七七〇 | 大曆五年一月 | | | 阿部仲麿（七十三歲）逝世於長安。追贈潞州（山西省）大都督的稱號。 |

# 本書寫作參考書目及資料

新唐書
舊唐書
資治通鑑
白居易：長恨歌
陳　鴻：長恨歌傳
柏楊版：資治通鑑
南宮搏：楊貴妃（小說）
洪　昇：長生殿（戲曲）
李則芬：楊貴妃之冤
姜卓俊：日本有座楊貴妃墓
君達編：中國皇帝列傳
陳德來編：中國四大美女

丁鳳麟、金維新編：中國歷史未解之謎
野　叟：閒話荔枝
朱西寧：馬嵬坡上
汕頭音像總公司：「楊貴妃外傳」錄影帶
王春南：楊貴妃的死因
郭嗣汾：楊玉環流落在海外嗎？
溫德文：楊貴妃到底有沒有死在馬嵬坡？
葛賢寧：長恨歌新解。（發表於民國四十六年六月出版之「文史」月刊創刊號）
俞平伯：「長恨歌」及「長恨歌傳」的傳疑。（民國十八年小說月報，第廿卷第二期刊出。）
渡邊龍策：《楊貴妃復活秘史》（中譯本七十三年二月出版，由閻肅翻譯）
譚甄適：楊貴妃新傳（小說，八十二年七月出版）
賈恩洪：玻繹「長恨歌之謎」（考證）七十八年十二月文史哲出版
姚一葦：馬嵬驛（舞臺劇）七十八年五月九歌列入「中華現代文學大系戲劇卷下冊出版」
朱順官：提供大陸新編「貴妃東渡」崑劇光碟片上、下兩片
夏　煒：中國五大美女傳（小說）八十二年一月漢欣文化公司出版
殷登國：千古名女人（小說）七十八年八月世界文物出版社出版
李麗卿：楊貴妃（小說）七十五年一月金逸圖書公司出版

何顯斌：到油谷町參見貴妃娘娘，八十三年八月廿三日中國時報
林明德·陳慈玉·許慶雄合著：日本歷史與文化，八十一年六月空中大學出版
長恨歌：（日文）阿部閑爺，一九八八年出版
楊貴妃：（日文）村山吉廣，一九九七年出版
レインボー中國語：（日文）張仁政、關久美子、唐雋、葉言材、林秀娟編
其他有關「楊貴妃」之書刊、圖片

附錄(一)

# 姜龍昭著作出版書目

| 作品名稱 | 類別 | 出版處所 | 字數 | 出版年月日 |
|---|---|---|---|---|
| 烽火戀歌 | 獨幕劇 | 總政治部 | 約二萬 | 四十一年十二月 |
| 奔向自由 | 獨幕劇 | 總政治部 | 約二萬 | 四十二年十二月 |
| 自由中國進步實況 | 報導文學 | 中央文物供應社 | 約廿萬 | 四十九年十二月 |
| 六六五四號啞吧 | 電視劇選集 | 平原出版社 | 約三萬 | 五十三年二月 |
| 電視綺夢 | 電視劇選集 | 正中書局 | 約五萬 | 五十五年九月 |
| 金玉滿堂 | 電視劇選集 | 菲律賓劇藝社 | 約十二萬 | 五十六年九月 |
| 父與子 | 獨幕劇 | 僑聯出版社 | 約二萬 | 五十六年十二月 |
| 碧海青天夜夜心 | 電視劇選集 | 商務印書館 | 約十二萬 | 五十七年一月 |
| 一顆紅寶石 | 電視劇選集 | 菲律賓劇藝社 | 約十萬 | 五十八年二月 |
| 金色陷阱 | 電視劇選集 | 東方出版社 | 約十二萬 | 五十八年六月 |
| 故都風雲 | 廣播劇 | 軍中播音總隊 | 約二萬 | 五十九年四月 |
| 孤星淚 | 多幕劇 | 僑聯出版社 | 約四萬 | 五十九年四月 |

| | | | | |
|---|---|---|---|---|
| 情旅 | 小說 | 新亞出版社 | 約六萬 | 五十九年五月 |
| 春雷 | 小說 | 新亞出版社 | 約六萬 | 五十九年十月 |
| 長白山上 | 圖畫故事 | 新亞出版社 | 約六萬 | 六十年三月 |
| 紅寶石 | 獨幕劇 | 中國戲劇藝術中心 | 約二萬 | 六十年十二月 |
| 長白山上（與人合編） | 電視連續劇 | 正中書局 | 約五十萬 | 六十一年十月 |
| 海戰英雄 | 廣播劇 | 總政治作戰部 | 約二萬 | 六十三年十月 |
| 吐魯番風雲 | 多幕劇 | 商務印書館 | 約四萬 | 六十五年六月 |
| 眼 | 多幕劇 | 商務印書館 | 約四萬 | 六十五年十二月 |
| 海與貝殼 | 小說 | 正中書局 | 約十八萬 | 六十五年七月 |
| 電視劇編寫與製作 | 論著 | 黎明文化事業公司 | 約十二萬 | 六十五年七月 |
| 金蘋果 | 兒童歌舞劇 | 中國戲劇藝術中心 | 約四萬 | 六十七年三月 |
| 電視縱橫談 | 論著 | 聯經出版社 | 約十四萬 | 六十八年三月 |
| 一個女工的故事 | 電影劇本 | 遠大出版公司 | 約八萬 | 六十八年六月 |
| 姜龍昭選集 | 綜合 | 黎明文化事業公司 | 約十八萬 | 六十八年九月 |
| 電影戲劇論集 | 論者 | 文豪出版社 | 約廿萬 | 六十八年十二月 |
| 電視編劇理論與實務（與人合著） | 論著 | 中視週刊社 | 約廿萬 | 七十年三月 |
| 中華民國電視事業的回顧與前瞻 | 論著 | 中國電視公司 | 約廿二萬 | 七十年十月 |

| | | | | |
|---|---|---|---|---|
| 姜龍昭劇選（第一集） | 劇本 | 遠大出版公司 | 約十八萬 | 七十一年四月 |
| 戲劇編寫概要 | 論著 | 五南圖書出版公司 | 約卅萬 | 七十二年三月 |
| 一隻古瓶 | 多幕劇 | 漢欣文化公司 | 約三萬 | 七十三年三月 |
| 金色的陽光 | 多幕劇 | 文化建設委員會 | 約三萬 | 七十三年三月 |
| 幾番漣漪幾番情（與人合編） | 多幕劇 | 文化建設委員會 | 約四萬 | 七十三年三月 |
| 英風遺烈 | 傳記文學 | 近代中國社 | 約十二萬 | 七十三年三月 |
| 武昌首義一少年 | 傳記文學 | 黎明文化事業公司 | 約十二萬 | 七十三年三月 |
| 母親的淚 | 多幕劇 | 教育部 | 約四萬 | 七十四年二月 |
| 最後的一面 | 小說 | 晨星出版社 | 約十二萬 | 七十五年三月 |
| 戲劇評劇集 | 論著 | 采風出版社 | 約十二萬 | 七十五年五月 |
| 淚水的沉思 | 多幕劇 | 教育部 | 約四萬 | 七十七年八月 |
| 香妃考證研究（正集） | 考證 | 文史哲出版社 | 約十四萬 | 七十七年十月 |
| 香妃考證研究（續集） | 考證 | 文史哲出版社 | 約十八萬 | 八十一年三月 |
| 血洗天安門 | 廣播劇 | 中興出版社 | 約二萬 | 七十九年三月 |
| 淚水的沉思（中英文對照） | 多幕劇 | 文史哲出版社 | 約四萬 | 八十年十一月 |
| 飛機失事以後（中英文對照） | 多幕劇 | 文史哲出版社 | 約四萬 | 八十一年七月 |
| 泣血煙花（中英文對照） | 多幕劇 | 文史哲出版社 | 約四萬 | 八十一年十二月 |

| | | | | |
|---|---|---|---|---|
| 李商隱 | 多幕劇 | 教育部 | 約四萬 | 八十二年四月 |
| 如何編劇本 | 論著 | 新中國出版社 | 約十二萬 | 八十三年四月 |
| 李商隱之戀（中英文對照） | 多幕劇 | 文史哲出版社 | 約四萬 | 八十四年十二月 |
| 細說流行語（第一集） | 考證 | 號角出版社 | 約十萬 | 八十二年八月 |
| 細說流行語（第二集） | 考證 | 號角出版社 | 約五萬 | 八十三年五月 |
| 細說流行語（第三集） | 考證 | 健行出版社 | 約十二萬 | 八十五年一月 |
| 細說流行語（第四集） | 考證 | 健行出版社 | 約十二萬 | 八十七年一月 |
| 細說流行語（第五集） | 考證 | 健行出版社 | 約十二萬 | 八十八年十二月 |
| 細說流行語（第六集） | 考證 | 健行出版社 | 約十二萬 | 八十九年十二月 |
| 姜龍昭劇選（第二集） | 劇本 | 文史哲出版社 | 約廿萬 | 七十七年十月 |
| 姜龍昭劇選（第三集） | 廣播劇 | 文史哲出版社 | 約十六萬 | 八十七年三月 |
| 姜龍昭劇選（第四集） | 廣播劇 | 文史哲出版社 | 約八萬 | 八十八年三月 |
| 戲劇評論探討 | 論著 | 文史哲出版社 | 約十四萬 | 八十七年五月 |
| 掀開歷史之謎 | 考證 | 文史哲出版社 | 約十二萬 | 九十年十二月 |
| 楊貴妃考證研究 | 考證 | 文史哲出版社 | 約十五萬 | 九十一年七月 |

附錄(二)

# 姜龍昭歷年得獎紀錄

(1)四十一年編寫兒童劇「榕樹下的黃昏」獲臺灣省教育廳徵兒童劇首獎。
(2)四十二年編寫獨幕劇「奔向自由」獲總政治部軍中文藝獎徵獨幕劇第三名。
(3)四十三年編寫多幕劇「國軍進行曲」獲總政治部軍中文藝獎徵多幕劇佳作獎。
(4)四十七年編寫廣播劇「葛籐之戀」獲教育部徵廣播劇佳作獎。
(5)五十一年編寫廣播劇「六六五四號」獲新文藝月刊祝壽徵文獎首獎。
(6)五十三年編寫電視劇「青年魂」獲青年反共救國團徵電視劇佳作獎。
(7)五十四年編寫廣播劇「寒澗圖」獲教育部廣播劇佳作獎。
(8)五十六年編寫「碧海青天夜夜心」電視劇獲中國文藝協會頒發「最佳電視編劇文藝獎章」。
(9)五十六年編寫獨幕劇「父與子」獲伯康戲劇獎徵獨幕劇第四名。
(10)五十七年編寫多幕劇「孤星淚」獲伯康戲劇獎徵多幕劇首獎。
(11)五十九年因出版劇本多種，人物刻劃細膩，獲教育部頒發戲劇類「文藝獎章及獎狀」。
(12)六十年製作「春雷」電視連續劇，獲教育部文化局頒巨型「金鐘獎」乙座。
(13)六十年編寫連續劇「迷夢初醒」使「萬福臨門」節目獲教育部文化局頒「金鐘獎」乙座。

(14)六十一製作「長白山上」電視連續劇，獲教育部文化局頒巨型「金鐘獎」乙座。
(15)六十一年與人合作編寫電視連續劇「長白山上」，獲中山文化基金會頒「中山文藝獎」。
(16)六十三年製作電視連續劇「青天白日」獲中國電視公司頒發獎狀。
(17)六十四年編寫宗教話劇「眼」獲「李聖質戲劇獎」首獎。
(18)六十四年編寫電影劇本「勇者的路」獲國軍新文藝金像獎電影劇本徵文佳作獎。
(19)六十五年製作電視節目「法律知識」獲司法行政部頒發獎狀。
(20)六十五年編寫多幕劇「吐魯番風雲」獲臺北市話劇學會頒第三屆「最佳編劇藝光獎」。
(21)六十五年編寫電影劇本「一襲輕妙萬縷情」獲電影事業發展基金會徵電影劇本佳作獎。
(22)六十五年編寫電影劇本「大海戰」獲國軍新文藝金像獎電影劇本徵文「銅像獎」。
(23)六十六年製作電視節目「法律知識」獲行政院新聞局頒巨型「金鐘獎」乙座。
(24)六十七年編寫兒童歌舞劇「金蘋果」獲教育部徵求兒童劇本首獎。
(25)六十八年編寫電影劇本「鐵甲雄獅」獲電影事業發展基金會徵求電影劇本優等獎。
(26)六十九年獲臺灣省文藝作家學會頒發第三屆「中興文藝獎章」電視編劇獎。
(27)七十年編寫舞臺劇「國魂」獲教育部徵求舞臺劇第二名，頒發獎狀及獎牌。
(28)七十年編寫電影故事「鳥棚中的奮鬥」及「吾愛吾師」雙獲電影事業發展基金會入選獎。
(29)七十一年製作電視節目「大時代的故事」獲中央黨部頒發「華夏」二等獎章及獎狀。
(30)七十一年獲國軍新文藝輔導委員會頒發「光華獎」獎狀。

(31)七十二年編寫舞臺劇「金色的陽光」獲文建會委員會徵求舞臺劇本第二名及獎牌。
(32)七十二年參加教育部委託中華日報家庭休閒活動徵文獲第三名。
(33)七十二年編寫電影故事「老陳與小柱子」獲電影事業發展基金會徵求電影故事入選獎。
(34)七十三年編寫舞臺劇「母親的淚」獲教育部徵舞臺劇第三名，頒發獎狀及獎金。
(35)七十四年編寫廣播劇「江爺爺」獲中華民國編劇學會頒發「魁星獎」。
(36)七十六年因實踐績效評定特優獲革命實踐研究院兼主任蔣經國頒發獎狀。
(37)七十七年編寫舞臺劇「淚水的沈思」獲教育部徵舞臺劇佳作獎，頒發獎牌及獎金。
(38)七十八年編寫廣播劇「地下英雄」獲新聞局舉辦國家建設徵文獎，頒發獎金。
(39)七十八年編廣播視劇「血洗天安門」獲青溪新文藝學會頒「金環獎」獎座及獎金。
(40)七十八年編寫電影劇本「死囚的新生」獲法務部徵電影劇本獎，頒發獎金。
(41)七十九年編寫電影劇本「綠島小夜曲」再獲法務部徵電影劇本獎，頒發獎金。
(42)八十年製作電視教材「大地有愛」獲中國國民黨考核紀委會頒發獎狀。
(43)八十二年服務廣播、電視界屆滿卅年，獲新聞局頒發獎牌。
(44)八十二年編寫舞臺劇「李商隱」獲教育部徵舞臺劇本獎，頒發狀及獎金。
(45)八十二年編寫廣播劇「李商隱之戀」獲中華民國編劇學會，頒發「魁星獎」。
(46)八十五年配合推行拒菸運動，獲行政院衛生署頒發獎牌。
(47)八十六年推行軍中新文藝，獲國軍新文藝輔委會頒發「特別貢獻」獎座及獎金。

(48)八十六年編寫廣播劇「異鄉」，獲中國廣播公司「日新獎」。
(49)八十八年編寫舞臺劇「打開心門」獲行政院新聞局頒「劇本優勝獎」獎牌及獎金。
(50)八十八年編寫「眞情城市」電視劇大綱，獲超級電視台徵文「優勝獎」頒發獎金。